Entendiendo el Mensaje de 1888

LO QUE TODO ADVENTISTA DEBERÍA SABER SOBRE 1888

Edición Original

Arnold V. Wallenkampf

Copyright ©2023
LS COMPANY
ISBN: 978-1-0881-9370-9

Contenido

Introducción 5

Prefacio 7

Capítulo 1—De Jesús a los montes de Gilboa 9

Capítulo 2—Antecedentes del congreso en Minneapolis 14

Capítulo 3—El Mensaje de 1888 18

Capítulo 4—El respaldo de Elena de White 24

Capítulo 5—¿Qué ocurrió en el Congreso? 29

Capítulo 6—Se maltrata al Espíritu Santo 35

Capítulo 7—¿Por qué esta traición? 41

Capítulo 8—¿Fue un pecado corporativo? 47

Capítulo 9—Consecuencias del Congreso 54

Capítulo 10—El mensaje de 1888 vacila 60

Capítulo 11—Evaluación de A.G. Daniells 67

Capítulo 12—Nuestra responsabilidad actual 71

Capítulo 13—Conformismo versus Conversión 76

Capítulo 14—El desafío de 1888 para nosotros 80

Introducción

Para muchos adventistas el año 1888 es casi tan importante como 1844, por supuesto por otra razón. Para otros adventistas, todo lo que rodea a 1888 es un misterio. ¿Qué ocurrió? ¿Qué no ocurrió? ¿Fue una línea divisoria para la iglesia? ¿Fue el comienzo del "fuerte pregón" de Apocalipsis 18? ¿Cometió la iglesia un pecado corporativo ese año?

Arnold V. Wallenkampf proporciona una visión panorámica de los acontecimientos y los problemas relacionados con el congreso de la Asociación General realizado en Minneapolis, Minnesota, en 1888. Pero este libro ofrece más que una mirada fascinante a la historia de nuestra iglesia. Presenta grandes preocupaciones espirituales que siguen teniendo vigencia para la salvación de los cristianos actuales.

El Dr. Wallenkampf culminó una vida de servicio en la enseñanza en colegios y universidades adventiatas como director asociado del Biblical Research Institut (Instituto de investigación bíblica) de la Asociación General. Ha escrito varios libros, entre otros Lo que todo cristiano debería saber sobre ser JUSTIFICADOS, un tema muy relacionado con el presente volumen.

[7, 8 etc] numero de pagina en el libro original

[7]

Prefacio

Todavía subsiste el debate acerca de cómo fue recibido el mensaje de la justificación por la fe en Cristo dado en el Congreso de la Asociación General de 1888. Algunos prefieren creer que el mensaje, claramente proclamado en Minneapolis por E.J. Waggoner y A.T. Jones y apoyado por Elena de White, fue rechazado por los delegados. Otros creen que fue aceptado por la mayoría de los delegados y que inició un gran reavivamiento que determinó una verdadera bendición para la iglesia remanente.

En este librito consideraremos brevemente el contexto inmediato, lo que ocurrió en el congreso, y sus resultados. Luego seguirá la evaluación que hizo A.G. Daniells de ese congreso y sus secuelas, y nuestro deber actual.

La última parte del libro presenta un desafío personal a todos los que actualmente somos miembros de la iglesia, para quienes también fue dirigido el mensaje de la justificación por la fe en Cristo, allá en 1888.

La presentación está basada en declaraciones de Elena de White, tanto de ese tiempo como de cuando lo miraba retrospectivamente. Contiene abundantes citas directas de su pluma. De este modo el lector tendrá acceso a las palabras exactas de ella; no será necesario confiar en paráfrasis o resúmenes de sus puntos de vista.

El autor espera que este breve tomo arroje luz adicional sobre lo que ocurrió en ese tan discutido congreso de la Asociación General, y que esa luz estimule a cada lector a una dedicación completa a Dios y a su verdad, bajo la conducción del Espíritu Santo. *[8]*

[9]

Capítulo 1—De Jesús a los montes de Gilboa

En las décadas de 1830 y 1840 los seguidores de Guillermo Miller tuvieron sus ojos fijos en Jesús. Lo veían en su inminente y gloriosa segunda venida como Señor de señores y Rey de reyes, y venía para llevarlos consigo a las mansiones celestiales que había preparado para los suyos.

El pequeño grupo de creyentes adventistas que se nucleó en la surgiente Iglesia Adventista del Séptimo Día después del chasco en el otoño de 1844 también mantuvo sus ojos fijos en Jesús. Esos creyentes habían tenido una experiencia real con el Señor; tenían la certeza de la salvación por la gracia mediante la fe en él, y llevaban esta herencia consigo desde las diversas iglesias evangélicas de las que procedían. Como resultado de esta confianza, gozaban de paz y de la bienaventurada esperanza, y esperaban con ansias el retorno de Jesús. Lo anhelaban como el novio espera que su novia llegue a la boda. Para ellos, pensar en Jesús era dulce como la miel.

Esta íntima relación de amistad con Jesús les permitió sobrevivir al abrumador chasco. Renovó su ánimo y los estimuló a salir de nuevo, conforme a la profecía de Apocalipsis 10:9 11, a proclamar el mensaje de que Jesús vendría pronto.

Lo veían, no sólo en la gloria de su próxima parusía (venida), para reunir a los suyos, sino como quien estaba intercediendo por ellos en ese momento en el Santuario celestial. Su amor por Jesús, su aprecio por lo que él había hecho por ellos en ocasión de su primera venida y lo que seguía haciendo por ellos en el Santuario celestial, hacían que su anhelo por Jesús fuera intenso, **[10]** aún después del chasco. Los primeros adventistas del séptimo día se aferraban a Jesús con todo fervor.

Pero aun cuando estos nuestros antepasados creían en la salvación por la gracia, rara vez predicaban acerca de ello. La preocupación central de sus mensajes al público era la inminencia del retorno de Cristo y su deseo de vivir en obediencia a sus mandamientos incluyendo el del sábado mientras lo esperaban. No sentían una necesidad específica de predicar la salvación por la fe. Sus oyentes ya habían aceptado esa enseñanza. Era una premisa sobreentendida de que no hay salvación fuera de Cristo y de su sacrificio por los pecados del hombre. Ellos lo consideraban un axioma; no hacía falta mencionarlo específicamente. Por eso hay muy pocas menciones de la justificación por la fe y de la salvación por la gracia en los primeros sermones, libros y revistas.

Otra razón por la que los primeros adventistas del séptimo día rara vez hablaban o escribían acerca de la salvación por la gracia mediante la fe era que permitían que sus opositores prepararan la agenda y ordenaran sus prioridades. Los primeros adventistas fueron atacados acerbamente por los demás cristianos. Para defender algunas de sus creencias como la de la obligación permanente de obedecer los Diez Mandamientos, incluyendo la observancia del sábado se dirigían a la Biblia. Les resultaba fácil encontrar pasajes bíblicos que ligaban firmemente su fe en Jesús con la obediencia a los Diez Mandamientos, incluyendo el del sábado. Con todo entusiasmo leían y predicaban triunfalmente: "Si me amáis, guardad mis mandamientos", y "El que tiene mis mandamientos, y los guarda, ése es el que me ama" (Juan 14:15, 21). Y así, en un clima de triunfalismo, el énfasis entre los adventistas pasó gradualmente del amor y de un compañerismo íntimo con Jesús a la observancia de la Ley de Dios.

Gradualmente Jesús comenzó a desdibujarse tanto en la visión como en el pensamiento de los adventistas del séptimo día. Una experiencia personal de amor con Jesús era algo en lo que se pensaba muy poco. En las décadas de 1870 y 1880, muchos adventistas habían perdido totalmente de vista a Jesús.

Al marchitarse y casi morir la vida espiritual en los corazones de los adventistas del séptimo día, Elena de White notó la erosión de la verdadera experiencia cristiana. Ella dio las advertencias *[11]* correspondientes. A partir de los primeros años de la década de 1870 llamó la atención repetidamente a la tibieza laodicense, particularmente la de la Iglesia de Battle Creek, Michigan.[1] En un sermón a los ministros en 1879 ella deploró el hecho de que la experiencia cristiana se había deteriorado hasta ser sólo una teoría, y que las grandes y solemnes verdades confiadas a la iglesia a menudo eran "presentadas como frías teorías". Ella advirtió: "Una teoría de la verdad sin la piedad vital no puede eliminar la oscuridad moral que envuelve el alma".[2]

Con referencia a los ministros, ella dijo: "Muchos de los que les presentaron la verdad están desprovistos de la verdadera piedad. Pueden tener una teoría de la verdad, pero no están com-pletamente convertidos. Sus corazones son carnales; no permanecen en Cristo ni él en ellos. Es el deber de todo ministro presentar la teoría de la verdad; pero no debiera descansar habiendo hecho sólo eso... Una conexión vital con el principal de los Pastores hará que los subpastores sean representantes vivientes de Cristo, realmente una luz para el mundo".[3]

Más o menos en la misma época escribió: "Anhelo ver a nuestros ministros espaciándose más en la cruz de Cristo, mientras sus propios corazones se enternecen y subyugan ante el amor incomparable del Salvador, quien realizara este sacrificio infinito".[4]

La mayoría de los miembros de la iglesia creía en la justificación por la fe como una teoría abstracta. Le daban su asentimiento intelectual, pero les faltaba la experiencia viviente que les daría paz y gozo en la vida cristiana diaria. Casi sin darse cuenta se habían dejado arrastrar al legalismo, aferrándose tenazmente a la doctrinas, pero sin tener una experiencia vibrante con Jesús como su Salvador personal.

La decreciente experiencia cristiana personal en muchos de los miembros resultó en una creciente tibieza espiritual de las congregaciones. Los dirigentes de la iglesia reconocieron la necesidad de un reavivamiento espiritual. En el número de la Review and Herald del 21 de noviembre de 1882, en las páginas 1 al 3, George Butler, presidente de la Asociación General, pidió ayuno y oración del 1º al 13 de diciembre. En apoyo de su llamamiento, se-ñaló que la iglesia estaba pasando por una "apostasía y decadencia espiritual". En consecuencia, dijo, "el progreso de la obra *[12]* se retarda considerablemente por causa de nuestra condición de falta de consagración como pueblo". Esto lo llevó a dar la sugerencia: "Debemos ser un pueblo convertido".

En ocasión del Congreso de la Asociación General de Battie Creek en 1886, Elena de White estaba en Suiza. Pero se le mostró una escena en que vio el Tabernáculo de Battle Creek, y el ángel guía le dijo que "había la necesidad de un gran reavivamiento espiritual entre los hombres que llevaban responsabilidades en la causa de Dios".[5]

Aparentemente la lánguida condición espiritual en la iglesia continuó hasta el congreso de la Asociación General realizado en Minneapolis en 1888. Repetidamente Elena de White expresó en las columnas de la Review and Herald su preocupación por la iglesia. Citaremos sólo algunas de esas declaraciones:

En el número del 15 de febrero de 1887 dijo: "Hay demasiada formalidad en la iglesia... Los que profesan ser guiados por la Palabra de Dios pueden estar familiarizados con las evidencias de su fe, y sin embargo ser como la pretenciosa higuera que mostraba al mundo su lozano follaje, pero cuando el Maestro la examinó, la encontró desprovista de frutos".

El 22 de marzo de 1887 apareció en la Review un llamado al reavivamiento: "La mayor y más urgente de todas nuestras necesidades es la de un reavivamiento de la verdadera piedad en nuestro medio. Procurarlo debiera ser nuestra primera obra... Sólo en respuesta a la oración debe esperarse un reavivamiento. Mientras la gente esté tan destituida del Espíritu Santo de Dios, no puede apreciar la predicación de la Palabra... Hay perso-nas en la iglesia que no están convertidas".[6]

En la Review del 24 de julio de 1888 ella escribió: "La solemne pregunta debiera ser considerada por cada miembro de nuestras iglesias: ¿Cómo estamos delante de Dios, como profesos seguidores de Jesucristo?... La muerte espiritual ha sobrevenido al pueblo de Dios que debiera estar manifestando vida, celo, pureza y consagración, mediante la más ferviente devoción a la causa de la verdad.

Muchos de los que se reunieron en Minneapolis para la asamblea ministerial y el congreso de la Asociación General estaban aparentemente en un estado de muerte espiritual. En la mañana del 11 de octubre, en su primer sermón durante la asamblea *[13]* ministerial, Elena de White dijo: "Hermanos, es una necesidad real que nos elevemos a una norma más alta y más santa".[7]

Una semana más tarde, en su primer discurso matutino del congreso, Elena de White dijo que "hay muchos ministros que nunca estuvieron convertidos", y que "no participan de la naturaleza divina; Cristo no mora en sus corazones por la fe". Luego añadió que muchos de ellos habían entrado al ministerio y que su influencia había desmoralizado a las iglesias. Como resultado, "se predican demasiados sermones sin Cristo".

Su llamado final en ese sermón fue: " ¡Oh, que podamos estar todos convertidos! Queremos que los ministros y los jóvenes [los ministros jóvenes] se conviertan".[8]

La Iglesia Adventista del Séptimo Día, que había comenzado como un grupo de creyentes que gozaba de un compañerismo vibrante con Dios y dependía exclusivamente de Jesús para su salvación, había destrozado su relación con él en la época del congreso de Minneapolis, en 1888. Muchos de ellos, junto con su rebaño, estaban vagando por los áridos montes de Gilboa. Elena de White reiteradamente usó la expresión "los montes de Gilboa" como una descripción de la estéril experiencia espiritual de muchos de los creyentes.

Dios miró con tristeza a su amada iglesia; había preparado a dos jóvenes para que ayudaran a revivir y restaurar a los debilitados miembros de iglesia a tener con él un compañerismo viviente y funcional lleno del Espíritu.

Referencias:

1. Véase Elena G. de White, Testimonies for the Church [Testimonios para la iglesia], t. 3, pág. 201; Joyas de los testimonios, t. 1, págs. 477, 478. Ya en los últimos años de la década de 1850, Elena de White había señalado que la iglesia era Laodicea; véase White, Testimonies, t. 1, págs. 185 195 (parte del mensaje está en Joyas de los testimonios, t. 1, págs. 65, 66).

2. Testimonies, t. 4, págs. 313, 314.

3. Ibíd., pág. 315.

4. White, Joyas de los testimonios, t. 1, pág. 518.

5. White, Manuscrito 15, 1888, en A. V. Olson, Thirteen Crisis Years [Trece años de crisis] (Washington, DC, Review and Herald Publ. Assn., 1981), pág. 305.

6. White, Mensajes selectos, t. 1, págs. 141, 142.

7. Manuscrito 6, 1888, en Olson, pág. 250.

8. White, Review and Herald, 8 de octubre de 1889, en Olson, págs. 264 266.

[14]

Capítulo 2—Antecedentes del congreso en Minneapolis

El congreso de la Asociación General de 1888 fue convocado en Minneapolis para el día 17 de octubre. Se programó una asamblea ministerial de una semana de duración para precederlo. Se invitó a dos hombres jóvenes, A.T. Jones (38 años) y E.J. Waggoner (33), coeditores de la revista Signs of the Times [Señales de los tiempos], para presentar una serie de sermones en estas reuniones.

Jones, un hombre alto, era un converso al adventismo. Luego de conocer el mensaje adventista mientras estaba en el ejército, en el Estado de Washington, pasaba su tiempo libre en las barracas estudiando historia y la Biblia. Había acumulado una gran cantidad de conocimientos. Cuando se le dio de baja del ejército en 1873, se bautizó y comenzó a predicar el mensaje adventista en la costa oeste de los Estados Unidos. En mayo de 1885 llegó a ser editor asistente de la revista Signs.

Waggoner, de estatura baja, era hijo del editor anterior de la revista Signs, J.H. Waggoner. Era un médico que se había transformado en pastor; en 1884 fue nombrado editor asistente del periódico bajo la dirección de su padre. Cuando en 1886 el pastor Waggoner, padre, fue enviado a Europa para fortalecer a los creyentes allí, Jones y Waggoner quedaron como coeditores de la revista Signs of the Times.

Ambos habían desarrollado algunos definidos puntos de *[15]* vista teológicos . Algunos de éstos diferían de los vigentes entre los adventistas de ese tiempo. El punto más destacado era su fascinación con Cristo como única justicia del pecador arrepentido. Habían sido introducidos a este tema en su asociación con el pastor Waggoner, padre, un pionero adventista en el tema de la expiación y la justificación por la fe. A través de su estudio de Gálatas, Romanos y Hebreos, tanto Jones como Waggoner se habían "encendido" con la estimulante belleza y el encanto de Jesús. Reconocían la urgente necesidad de una mejor comprensión de la experiencia de la justificación por la fe en la Iglesia Adventista.[1] Ambos sentían el definido deber de esparcir este conocimiento salvador de Cristo y su justicia. Como editores de la revista Signs, utilizaron sus páginas para publicar sus puntos de vista; los proponían en las aulas del colegio Healdsburg y los presentaban en sus sermones en el área de la bahía de San Francisco.

Adicionalmente, por medio de sus estudios de historia, Jones había llegado a la conclusión de que uno de los cuernos de Daniel 7 representaba a los Alemanes en lugar de los Hunos. Urías Smith, reconocido en la iglesia como intérprete profético, primero había animado a Jones en su investigación histórica. Pero cuando Jones llegó a su conclusión, que difería de la suya, Smith retiró su apoyo.

Los dirigentes en Battle Creek pensaban que los dos hombres se habían aprovechado de su posición como editores para diseminar sus ideas públicamente antes de presentarlas a los "hermanos dirigentes", procedimiento que Jaime White había delineado en su libro Life Sketches [Notas biográficas] en 1880.[2] Más aún, los rumores que precedieron a Jones y Waggoner al congreso decían que habiendo ganado el apoyo de Elena de White y de su hijo Guillermo y de otros en la costa oeste, venían a Minneapolis a imponer sus puntos de vista a los delegados. El concepto de justificación por la fe que tenían Jones y Waggoner involucraba el término ley en la epístola a los Gálatas. Ellos creían que se refería al Decálogo y no a la ley ceremonial. La idea común entre los adventistas en este tiempo era que se aplicaba sólo a la ley ceremonial.

La ley mencionada en Gálatas había estado en discusión dentro de la iglesia por varios años. En 1886 George I. Butler, *[16]* presidente de la Asociación General, consultó a Elena de White acerca de cómo comprendía el asunto. Al no recibir una respuesta inmediata, publicó ese año el libro The Law in the Book of Galatians [La ley en el libro a los Gálatas] en la casa editora Review and Herald en Battle Creek. En este libro hacía referencia a artículos publicados en Signs en Oakland, que sostenían que se refería a la ley moral. En su libro refutaba enfáticamente este concepto.[3]

Al año siguiente, con fecha 5 de abril de 1887, Elena de White escribió desde Basilea, Suiza: "Estoy preocupada; en verdad no puedo recordar lo que se me ha mostrado en relación a las dos leyes".[4] Tampoco tenía más luz en cuanto a la discutida identidad de uno de los diez cuernos de Daniel 7.

Su llamado a ambas partes fue pedirles que enterraran sus puntos de vista partidistas y que presentaran un frente unido ante el mundo. Ella sabía que los puntos en conflicto no justificaban la falta de unidad.

Cuando recomendó la discusión abierta y franca de ambos asuntos, desapareció el desacuerdo exterior. Waggoner y Jones dejaron de proclamar sus ideas, excepto que en 1888 Waggoner preparó y publicó un folleto titulado The Gospel in the Book of

Galatians [El Evangelio en el libro de Gálatas] en respuesta al libro que Butler publicara dos años antes. Este libro se regalaba a quienes lo solicitaban.

Al planificar la asamblea ministerial y el congreso de la Asociación General de 1888, Butler le sugirió a W.C. White varios temas de discusión. Entre ellos, y en forma destacada, nombró los diez reinos de Daniel 7 y la ley en Gálatas.[5] Jones debía presentar los resultados de su investigación histórica acerca de Daniel 7, poniendo énfasis en los diez cuernos, además de sus sermones acerca de Cristo nuestra justicia. La serie acerca de las profecías debía ser presentada durante la asamblea ministerial. Waggoner iba a presentar una serie de devocionales a lo largo de la asamblea y del Congreso de la Asociación General acerca de Cristo y su justicia en relación con la ley.[6]

Los dirigentes de Battle Creek esperaban dificultades en el Congreso de Minneapolis. La posición de Jones y Waggoner sobre Cristo y su justicia en conexión con la ley en Gálatas les era especialmente molesta.[7]

Referencias:

1. Seventh day Adventist Encyclopedia, ed. rev. (1976), págs. 707, 1563, 1564.

2. Note específicarnente la página 399.

3. R. W. Schwarz, Light Bearers to the Remnant [Portadores de luz al remanente] (Mountain View, Calif., Pacific Press Pub. Assn., 1979), págs. 185 187.

4. Citado por Eugene Durand, Yours in the Blessed Hope, Uriah Smith [Suyo en la bendita esperanza, Urías Smith] (Washington, D.C., Review and Herald Pub. Assn., 1980), pág. 265. Pero nueve años después no había vacilación. El 6 de junio de 1896, le escribió a Urías Smith desde Australia: "La ley ha sido nuestro ayo, para llevarnos a Cristo, a fin de que fuésemos justificados por la fe' (Gál. 3:24). El Espíritu Santo está hablando especialmente de la ley moral en este texto, mediante el apóstol. La ley nos revela el pecado y nos hace sentir nuestra necesidad de Cristo y de acudir a él en procura de perdón y paz" (Elena de White, Mensajes selectos, t. 1, pág. 275; véase Durand, ibíd., pág. 265.

5. W. C. White a D. T. Jones, 8 de abril de 1890, págs. 3, 6. El pastor Butler dijo más tarde que no recordaba haber sugerido esos temas para la discusión. Más aún, lamentaba que hubieran sido abordados.

6. Schwarz, ibíd., pág. 187.

7. W. Spalding, Origin and History of Seventh day Adventists [Origen e historia de los adventistas del séptimo día] (Washington, D.C., Review and Herald Pub. Assn., 1962), t. 2, págs. 291,292.

[18]

Capítulo 3—El Mensaje de 1888

No se registraron los sermones que Jones y Waggoner predicaron en la asamblea y en las sesiones del Congreso de la Asociación General; ni tampoco algunos de los de Elena de White. Pero podemos recoger la esencia de sus mensajes en sus escritos. Waggoner fue el orador principal acerca de Cristo y su justicia en el congreso. Uno de sus libros, publicado poco después del congreso, lleva el titulo de Christ and His Righteousness [Cristo y su justicia]. En él expone lo que quiso trasmitir en sus presentaciones.

El libro completo es una exaltación gozosa del amor de Dios y de su misericordia según lo manifestó Jesús. Waggoner urge a sus lectores a "considerar a Cristo continua e inteligentemente". "Cristo debe ser 'elevado' por todos los que creen en él como el Redentor crucificado, cuya gracia y gloria son suficientes para satisfacer la necesidad más grande del mundo; significa que debiera ser 'elevado' en su extraordinario encanto y poder como 'Dios con nosotros', de modo que su atractivo divino pueda así atraer a todos hacia él".[1]

Nuestra seguridad del perdón para todos nuestros pecados "descansa en el hecho de que el mismo Dador de la ley, Aquel ante quien" nos hemos rebelado y a quien hemos desafiado "es el que se dio a sí mismo por nosotros". En Cristo, Dios se dio a sí mismo para nuestra redención, porque "no se imaginen que el Padre y el Hijo estaban separados en esta transacción. Eran uno en esto, así como en todo lo demás".[2]

"¡Qué maravillosa manifestación de amor! El Inocente sufrió por el culpable; el Justo, por el injusto; el Creador, por la criatura; el Hacedor de la ley, por el transgresor de la ley; el Rey, por sus súbditos rebeldes... El Amor Infinito no podía encontrar una mayor manifestación de sí mismo. Bien puede decir el *[19]* Señor: '¿Qué más podría haberse hecho por mi viña, que yo no haya hecho?' "[3]

El amor divino abarcó toda la creación. Por medio de su muerte en la cruz Jesús redimió al mundo entero. "No compró una cierta clase, sino todo el mundo de pecadores. 'Porque de tal ma-nera amó Dios al mundo, que ha dado a su Hijo unigénito' (Juan 3:16). Jesús dijo: 'El pan que yo daré es mi carne, la cual yo daré por la vida del mundo' (Juan 6:51). 'Porque Cristo, cuando aún éramos débiles, a su tiempo murió por los impíos'. 'Mas Dios muestra su amor para con nosotros, en que siendo aún pecadores, Cristo murió por nosotros' (Rom. 5:6, 8)".[4]

Habiéndonos comprado con su sangre, Jesús acepta a todo pecador arrepentido tal como es y lo cubre con el manto de su propia justicia. Al hacerlo, él "no provee un manto para el pecado, sino que quita el pecado. Y esto muestra que el perdón de los pecados es algo mas que una mera forma, algo más que una mera entrada en los libros de registros del cielo, a los efectos de que sea cancelado el pecado. El perdón de los pecados es una realidad; es algo tangible, algo que afecta vitalmente al individuo. En realidad lo libera de la culpa; y si es libre de culpa, está justificado, ha sido hecho justo, ciertamente ha sufrido un cambio radical. Es, en verdad, otra persona".[5] Waggoner mostró que esto está de acuerdo con la enseñanza del apóstol Pablo cuando escribió: "Si alguno está en Cristo, nueva criatura es" (2 Cor. 5:17).

Waggoner y Jones sostenían que el Redentor va más allá de perdonar los pecados. El creyente que acepta a Jesús como su sustituto y su garante de salvación aprende a conocerlo como su ejemplo y como su capacitador para la victoria sobre el pecado, la que está firmemente anclada a la encarnación de Cristo.[6]

Por medio de la encarnación, explicaba Waggoner, "Cristo tomó sobre sí la igualdad con el hombre, para poder redimir al hombre". Continúa diciendo: "Debe haber sido hecho conforme al hombre pecador, porque es al hombre pecador a quien vino a redimir. La muerte no tendría poder sobre un hombre sin pecado, así como Adán en el Edén; y no podría tener poder sobre Cristo, si el Señor no hubiera tomado sobre sí la iniquidad de todos nosotros. Más aún, el hecho de que Cristo tomó sobre sí mismo la carne, no de un ser sin pecado, sino del hombre [20] pecador, es decir, que la carne que asumió tenía todas las debilidades y las tendencias pecaminosas a las que está sujeta la naturaleza humana caída, se ve en la declaración de que 'era del linaje de David según la carne'. David tenía todas las pasiones de la naturaleza humana".[7]

Luego de citar 2 Corintios 5:21, que dice: "Por nosotros [Dios] lo hizo [a Cristo] pecado, para que nosotros fuésemos hechos justicia de Dios en él", Waggoner comentaba: "Esto es mucho más fuerte que la declaración de que fue hecho 'a semejanza de la carne pecaminosa'. Fue hecho pecado... El Cordero inmaculado de Dios, que no conocía pecado, fue hecho pecado. Sin pecado, sin embargo, fue no sólo contado como pecador, sino que tomó sobre sí la naturaleza pecaminosa. Él fue hecho pecado para que nosotros fuésemos hechos "justicia".[8]

Pero aunque Waggoner presentó a Jesús como venido con una naturaleza pecaminosa, se cuidó de convertirlo en pecador. Dijo:

"Algunos pueden haber pensado, al leer hasta aquí, que estamos despreciando el carácter de Jesús, al bajarlo al nivel del hombre pecador. Por el contrario, simplemente estamos exaltando el 'poder divino' de nuestro bendito Salvador, quien voluntariamente descendió al nivel del hombre pecador, para poder exaltar al hombre a su propia pureza inmaculada, que retuvo bajo las condiciones más adversas. Su humanidad sólo veló su naturaleza divina... Durante toda su vida hubo una lucha. La carne, movida por el enemigo de toda justicia, tendía al pecado, sin embargo, su naturaleza divina, nunca, ni por un momento abrigó un deseo malo, ni vaciló por un momento su poder divino".[9]

Waggoner animaba a sus oyentes y a sus lectores con la declaración: "Ustedes pueden tener el mismo poder que tuvo él si lo desean. Él fue 'concebido con debilidades' pero 'no pecó', porque el poder divino moraba constantemente en él".[10]

Waggoner se refirió a la promesa de Dios hecha a través del apóstol Pablo en Efesios 3:14 19, de que cada creyente puede ser fortalecido por Cristo al morar en su corazón por la fe mediante el Espíritu Santo. De esta forma cada alma dispuesta puede ser llena con la plenitud de Dios, quien es capaz y está ansioso de darnos fortaleza "más abundantemente de lo que pedimos o entendemos". Todo el poder que residía en Cristo puede morar *[21]* en nosotros por gracia, porque él nos lo otorga libremente. Waggoner, confiadamente afirmó que Uno más fuerte que Satanás puede morar continuamente en el corazón del creyente. Y así, el creyente puede enfrentar los asaltos de Satanás desde una fortaleza y decir: "Todo lo puedo en Cristo que me fortalece".[11]

El mensaje de justificación por la fe que se presentó en el congreso de 1888, fue verdaderamente un mensaje de esperanza y valor. Ofrecía perdón para todos los pecados. Más aún, ofrecía la victoria sobre el pecado. Waggoner deseaba que los cristianos, antes pusilánimes, decidieran vivir confiadamente, amando a Dios.

Sin embargo, Waggoner advirtió que Satanás no estaba dispuesto a dejar que sus antiguos esclavos escaparan sin pelea. Amonestó a cada seguidor de Cristo a recordar siempre que Cristo lo había liberado y que ya no es más esclavo de Satanás. Pero la victoria demanda ceder constantemente a la voluntad de Dios. Alejado de ella, no hay victoria.[12]

Al dar esta receta para vencer la tentación, Waggoner volvió a su amonestación inicial: Mantengan sus ojos, sus pensamientos y sus afectos en Jesús. En uno de sus sermones, aparecido en la revista Signs of the Times del 25 de marzo de 1889, Waggoner utilizó ilustraciones de la historia para mostrar cómo Jesús fortalecerá al pecador débil, pero arrepentido, en su lucha contra el pecado y contra Satanás.

"Los soldados de Alejandro escribió eran conocidos como los invencibles. ¿Por qué? ¿Se debía a que eran naturalmente más fuertes y más valientes que todos sus enemigos? No; sino por-que eran liderados por Alejandro. Su fuerza estaba en su liderazgo. Bajo otro líder hubieran sido derrotados a menudo. Cuando el ejército de la Unión estaba huyendo, aterrorizado, ante el enemigo en Winchester, la presencia de Sheridan [general norteamericano durante la guerra de secesión] tornó su derrota en victoria. Sin él, los hombres constituían una multitud temblorosa; con él al frente, eran un ejército invencible. Si ustedes hubieran escuchado los comentarios de los soldados que estaban al mando de estos líderes y de otros como ellos después de la batalla hubieran escuchado alabanzas para su general en medio de todo su regocijo. Eran fuertes porque él lo era; estaban inspirados por el mismo espíritu que él tenía".
[22]

Los pensamientos de un creyente victorioso no deben dirigirse hacia la tentación y las dificultades. Waggoner dijo que si los pensamientos de una persona se detienen en las tentaciones, ine-vitablemente sucumbirá a ellas. Por el contrario, los pensamientos de un cristiano victorioso deben centrarse en Dios y en su poder. Como ejemplo de esto, se refirió al rey Josafat de Judá, cuya victoria sobre los moabitas y los amonitas se registra en 2 Crónicas 20.

Waggoner recordó a sus lectores que tan pronto como Josafat recibió la noticia de la invasión enemiga, se acercó a Dios. De pie, con su pueblo en el atrio del templo, derramó su alma a Dios en oración. Dijo: "¿No está en tu mano tal fuerza y po-der, que no hay quien te resista?" (2 Crón. 20:6). Le dijo a Dios en nombre suyo y del pueblo, "a ti volvemos nuestros ojos" (vers. 12). Mientras el rey y el pueblo se humillaban ante Dios y mantenían sus ojos fijos en él, Dios les dio una gran victoria sobre sus enemigos. Waggoner dijo: "Por supuesto, el hombre que puede comenzar su oración en la hora de necesidad con tal reconocimiento del poder de Dios, ya tiene la victoria de su lado. No obstante, noten, Josafat no sólo declaró su fe en el maravilloso poder de Dios, sino que reclamó la fortaleza de Dios como propia".

Por sus propias fuerzas ninguna persona puede derrotar a Satanás. Pero en el momento de la tentación cada creyente debiera recordar la promesa de Dios a Josafat, aconsejó Waggoner. "No temáis ni os amedrentéis... porque no es vuestra la guerra, sino de Dios" (vers. 15).[13] Waggoner ansiaba que el individuo lleno del Espíritu Santo y con sus ojos en Jesús obtuviera la victoria sobre el pecado: "¡Qué maravillosas posibilidades hay para el cristiano!", exclamaba. "¡Qué alturas de santidad puede alcanzar! No importa cuánto luche Satanás contra él, asaltándolo por su lado más débil, puede habitar bajo la sombra del Omnipotente, y estar lleno de la plenitud de la fortaleza de Dios. El que es más fuerte que Satanás puede habitar en su corazón continuamente; y así, observando los ataques de Satanás desde una fortaleza, puede decir: 'Todo lo puedo en Cristo que me fortalece' ".[14]

De acuerdo con Jones y Waggoner, la victoria sobre el pecado es inherente a una correcta comprensión de la verdad acerca del *[23]* santuario. Elena de White compartía esta idea. En su sermón del 20 de octubre de 1888, el primer sábado del congreso de Minneapolis, dijo: "Cristo está ahora en el Santuario celestial. ¿Qué está haciendo? Está haciendo expiación por nosotros, purificando el Santuario de los pecados de la gente. Luego debemos entrar por fe en el Santuario con él, debemos comenzar la obra en el santuario de nuestra alma. Debemos limpiarnos de toda contaminación. 'Limpiémonos de toda contaminación de carne y de espíritu, perfeccionando la santidad en el temor de Dios' " (2 Cor. 7:1)[15]

Para Elena de White la respuesta personal en relación con la purificación del santuario celestial involucraba la purificación del templo del alma de cada creyente. Esto se refleja en sus escritos posteriores. En 1890 escribió: "Cristo está limpiando el templo celestial de los pecados del pueblo, y debemos trabajar en armonía con él sobre la tierra, limpiando el templo del alma de su contaminación moral".[16]

Elena de White llamaba a esta comprensión de la justificación por la fe "el mensaje del tercer ángel en verdad".[17] Esta verdad debía reunir a las personas que "guardan los mandamientos de Dios y la fe de Jesús" (Apoc. 14:12), y prepararlas para encontrarse con su Señor que vuelve en gozosa paz. Ella resumió esta transformadora comprensión de la justificación por la fe en la frase "los encantos incomparables de Cristo".[18]

Jones y Waggoner habían captado personalmente la visión de la gloria sin par de Cristo. Tal concepto liberaría a los creyentes de las garras del legalismo. Por eso lo compartieron gozosamente con los demás delegados al Congreso de la Asociacion General de Minneapolis en 1888.

Referencias:

1. E. J. Waggoner, Christ and His Righteousness [Cristo y su justicia] (Oakland, Pacific Press Pub. Assn., 1890; reproducción facsimilar, Nashville, Southern Pub. Assn., 1972), págs. 5, 6.

2. Ibíd., pág. 45.

3. Ibíd., págs. 45, 46.

4. Ibíd., pág. 71.

5. Ibíd., pág. 66. *[24]*

6. "El Salvador anhelaba profundamente que sus discípulos comprendiesen con qué propósito su divinidad se había unido a la humanidad. Vino al mundo para revelar la gloria de Dios, a fin de que el hombre pudiese ser elevado por su poder restaurador. Dios se manifestó en él a fin de que pudiese manifestarse en ellos. Jesús no reveló cualidades ni ejerció facultades que los hombres no pudieran tener por la fe en él. Su perfecta humanidad es lo que todos sus seguidores pueden poseer si quieren vivir sometidos a Dios como él vivió" (Elena de White, El Deseado de todas las gentes, págs. 619, 620. "Nuestra suficiencia se encuentra únicamente en la encarnación y muerte del Hijo de Dios" (White, Mensajes selectos, t. 1, pág. 355).

1. Al tomar nuestra carne o naturaleza, Jesús unió la humanidad con la divinidad. "En Cristo había una sujeción de lo humano a lo divino. Él vistió su divinidad con humanidad, y puso su propia persona bajo la obediencia a la divinidad... Cristo requiere que la humanidad obedezca a la divinidad. En su humanidad, Cristo fue obediente a todos los mandamientos de su Padre" (Elena de White, Review and Herald, 9 de noviembre de 1897).

2. Fue su divinidad, no su humanidad, lo que permitió que Jesús venciera toda tentación insidiosa que Satanás le presentó. La encarnación de Cristo garantiza que podemos ser participantes de la naturaleza divina (2 Ped. 1:4). De esta forma nosotros también podemos salir victoriosos sobre la tentación y el pecado, como lo hizo Jesús durante su encarnación o mientras habitó en la carne humana.

7. Waggoner, ibíd., págs. 26, 27.

8. Ibid., págs. 27, 28.

9. Ibíd., págs. 28, 29.

10. Ibíd., pág. 29.

11. Ibíd., págs. 29 3 1.

12. Ibíd., págs. 92 95.

13. Ibíd., págs. 78 80.

14. Ibíd., págs. 30, 3 1.

15. Olson, Thirteen Ckisis Years, pág. 276.

16. White, Review and Herald, 11 de febrero de 1890.

17. White, Review and Herald, 11 de abril de 1890.

18. Olson, pág. 53.

Capítulo 4—El respaldo de Elena de White

Elena de White respaldó de corazón el mensaje de la justificación por la fe de 1888. Ella cuenta que su reacción cuando escuchó a Waggoner y Jones en el congreso de Minneapolis fue: "Cada fibra de mi corazón dijo amén".[1]

Era natural que apoyara este mensaje, ya que ella misma lo había estado predicando durante años. En un sermón en Roma, Nueva York, el 19 de junio de 1889, unos siete meses después del congreso de Minneapolis, dijo: "Se me ha preguntado: ¿Qué piensa de la luz que estos hombres [A.T. Jones y E.J. Waggoner] están presentando? Pues, que la he estado presentando durante los últimos 45 años -los encantos incomparables de Cristo. Esto es lo que he estado tratando de presentar delante de vuestras mentes. Cuando el hermano Waggoner presentó estas ideas en Minneapolis, fue la primera vez que escuché de labios humanos una enseñanza clara acerca de este tema, exceptuando las conversaciones entre mi esposo y yo".[2]

En verdad Elena de White había presentado a Jesús como la base de la salvación del hombre. Sólo unas pocas referencias a sus escritos anteriores y a su obra lo ilustrarán. En un picnic junto al lago Goguac, cerca de Battle Creek, Michigan, en mayo de 1870, ella dijo: "'Les recomiendo a Jesús, mi bendito Salvador. Lo adoro; lo alabo. ¡Ojalá tuviera una lengua inmortal para alabarlo como deseo! ¡Ojalá pudiera estar ante el universo reunido y hablar con alabanzas de sus encantos incomparables!"[3]

Desde ese momento, pero especialmente después de 1888, la frase "encantos incomparables" de Jesús aparece repetidamente cuando enfatiza lo indispensable que él es para la vida cristiana. *[26]* A menudo enfatizaba la necesidad de un compañerismo viviente con Jesús y de estar vestidos con su justicia. En 1882 escribió: "No es suficiente creer acerca de él [Jesús]; debe creer en él. Debe depender completamente de su gracia salvadora". Nuevamente dice: "Deje que el orgullo sea crucificado, y vista al alma con el manto sin precio de la justicia de Cristo".[4]

En una disertación matutina a los ministros reunidos en el congreso de la Asociación General celebrado en Battle Creek, en noviembre de 1883, destacó a Jesús y su justicia como la única base de la salvación del hombre. "Sólo su justicia puede darnos derecho a una de las bendiciones del pacto de la gracia. Durante mucho tiempo, hemos deseado y procurado obtener esas bendiciones, pero no las hemos recibido porque hemos fomentado la idea de que podríamos hacer algo para hacernos dignos de ellas. No hemos apartado la vista de nosotros mismos, creyendo que Jesús es un Salvador viviente. No debemos pensar que nos salvan nuestra propia gracia y méritos. La gracia de Cristo es nuestra única esperanza de salvación... Cuando confiemos plenamente en Dios, cuando descansemos sobre los méritos de Jesús como en un Salvador que perdona los pecados, recibiremos toda la ayuda que podamos desear".[5]

"Algunos parecen sentir que deben ser puestos a prueba y deben demostrar al Señor que se han reformado, antes de poder demandar sus bendiciones. Sin embargo, esas queridas almas pueden pedir ahora mismo la bendición. Deben tener la gracia de Cristo, el Espíritu de Cristo que les ayude en sus debilidades, o no podrán formar un carácter cristiano. Jesús anhela que vayamos a él tal como somos: pecadores, impotentes, desvalidos".[6]

En la reunión matutina del 13 de noviembre, durante el mismo congreso, hizo el siguiente comentario a los ministros: "Muchos están cometiendo un error... Esperan vencer por medio de sus propios esfuerzos, y por su bondad obtener la seguridad del amor de Dios. No ejercitan fe; no creen que Jesús acepta su arrepentimiento y contrición, y así luchan día tras día sin encontrar reposo o paz. Cuando el corazón está plenamente entregado a Dios, el amor surge en el alma, y el yugo de Cristo es fácil y ligera su carga. La voluntad es absorbida en la voluntad de Dios, y lo que era una cruz llega a ser un placer".[7]

Elena de White creía que la justificación por la fe *[27]* genera un compañerismo con Jesús que conduce a la victoria sobre la tentación. Cuando oyó el grandemente necesario mensaje de Waggoner en el congreso de Minneapolis, naturalmente lo apreció. Ella esperó que ese mensaje despertara la experiencia cristiana adormecida de los asistentes al congreso y los enviara de regreso a sus casas con la gracia de Cristo en sus corazones y su mensaje en los labios.

El último jueves del congreso, 11 de noviembre de 1888 (el congreso concluyó el domingo 4 de noviembre) ella dijo: "El Dr. Waggoner nos ha hablado en forma directa. Hay luz preciosa en lo que él dijo... Veo la belleza de la verdad en la presentación de la justicia de Cristo en relación con la ley en la forma en que el doctor la ha puesto delante de nosotros. Ustedes dicen, muchos de ustedes, es luz y verdad. Sin embargo, ustedes no la han presentado así antes... Lo que se ha presentado armoniza perfectamente con la luz que Dios ha visto a bien darme durante todos los años de mi experiencia".[8]

Después del congreso de Minneapolis, Elena de White siempre habló en forma favorable acerca del mensaje de Cristo como nuestra justicia que Waggoner y Jones habían presentado tan lúcidamente. Ella apoyó "esta luz que estos hombres están presentando".[9] En uno de sus sermones durante una serie de reavivamiento con Jones en South Lancaster, Massachusetts, en enero de 1889, ella dijo que él estaba presentando "exactamente el mensaje que el Señor envió a su pueblo en este momento".[10] El verano siguiente ella dijo: "El mensaje actual -la justificación por la fe [predicada por Jones y Waggoner]- es un mensaje de Dios; tiene las credenciales divinas, porque su fruto es para santidad".[11]

En 1892 lo identificó como "el fuerte clamor del tercer ángel [que] ya ha comenzado en la revelación de la justicia de Cristo, el Redentor que perdona los pecados. Este es el comienzo de la luz del ángel cuya gloria ha de llenar toda la tierra".[12]

Para ella, "el mensaje dado... por A.T. Jones y E.J. Waggoner es el mensaje de Dios para la Iglesia de Laodicea".[13]

En mayo de 1895 escribió que Dios había comisionado a Waggoner y a Jones "para presentar un mensaje especial al mundo".[14]

El 1º de mayo de 1895, en una carta desde Tasmania dirigida a O.A. Olsen, presidente de la Asociación General, recordaba: *[28]*

"En su gran misericordia el Señor envió un preciosísimo mensaje a su pueblo por medio de los pastores Waggoner y Jones. Este mensaje tenía que presentar en forma más destacada ante el mundo al sublime Salvador, el sacrificio por los pecados del mundo entero. Presentaba la justificación por la fe en el Garante; invitaba a la gente a recibir la justicia de Cristo... Este es el mensaje que Dios ordenó que fuera dado al mundo. Es el mensaje del tercer ángel, que ha de ser proclamado en alta voz y acompañado por el abundante derramamiento de su Espíritu...

"El mensaje del Evangelio de su gracia tenía que ser dado a la iglesia con contornos claros y distintos, para que el mundo no siguiera afirmando que los adventistas del séptimo día hablan mucho de la ley, pero no predican a Cristo, ni creen en él...

"Por eso Dios entregó a sus siervos un testimonio que presentaba con contornos claros y distintos la verdad como es en Jesús, que es el mensaje del tercer ángel".[15]

En esta misma carta dice además: "Dios dio a sus mensajeros precisamente lo que nuestro pueblo necesitaba. Los que recibieron el mensaje fueron grandemente bendecidos, porque vieron los brillantes rayos del Sol de justicia, y surgieron vida y esperanza en sus corazones".[16]

Hay muchas declaraciones similares de Elena de White que afirman la aprobación divina del mensaje de Waggoner y Jones.

Ella trató también de prevenir el rechazo del mensaje de la justificación por la fe presentado por Waggoner y Jones señalando específicamente que los hombres mismos podrían ser apartados de la verdad por Satanás. Pero ni aún una concebible apostasía futura de su parte invalidaría el mensaje de la justificación por la fe que Dios les había dado. En dos cartas escritas en 1892 dijo respectivamente:

"Si los mensajeros del Señor, después de defender con hombría la verdad por un tiempo, cayeran bajo la tentación y deshonraran a quien les había dado su tarea, ¿será eso una prueba de que su mensaje no era verdadero?... El pecado en el mensajero de Dios haría regocijar a Satanás, y los que han rechazado al mensajero y al mensaje triunfarían; pero de ninguna manera absolvería a los hombres que son culpables de rechazar el mensaje de verdad enviado por Dios".[17]

"Es bien posible que los pastores Jones y Waggoner *[29]* puedan ser vencidos por las tentaciones del enemigo; pero si lo fueran, esto no demostraría que no habían recibido el mensaje de Dios, o que la obra que habían hecho fue todo un error".[18]

Desafortunadamente estas preocupaciones llegaron a ser proféticas. Pero en 1888 y durante varios años más, los pastores Jones y Waggoner estuvieron realmente haciendo la obra de Dios al predicar el mensaje de la justificación por la fe, esperando que toda la iglesia lo aceptara como una experiencia viviente.

Referencias:

1. Elena de White, Manuscrito 5, 1889.
2. Ibíd., en Olson, pág. 53.
3. White, Testimonies, t. 2, pág. 593.
4. White, Testimonies, t. 5, págs. 49, 165.
5. Mensajes selectos, t. 1, pág. 412.
6. Ibid., pág. 414.
7. Review and Herald, 20 de mayo de 1884.
8. Olson, Thirteen Crisis Years [Trece años de crisis], págs. 303, 304.
9. White, Manuscrito 5, 1889.
10. Review and Herald, 5 de marzo de 1889.
11. Ibíd., 3 de septiembre de 1889.
12. Ibid., 22 de noviembre de 1892.
13. Carta 24, 1892.
14. Testimonios para los ministros, pág. 80.
15. Ibíd., págs. 91 93; véase también Olson, págs. 39, 40.
16. White, ibíd., pág. 95.
17. Carta 19d, 1892.
18. Carta 24, 1892, en Olson, pág. 119.

[30]

Capítulo 5—¿Qué ocurrió en el Congreso?

El congreso de la Asociación General de 1888 es el único que nuestra iglesia ha celebrado en Minneapolis, Minnesota. El lugar de la mayoría de los Congresos de la Asociación General pronto se olvida si se ha llevado a cabo en él una sola vez. ¿Por qué, entonces, el nombre de Minneapolis es tan familiar para muchos adventistas? ¿Qué ocurrió realmente en el congreso de Minneapolis para hacerlo tan famoso?

Como ya se mencionó, el congreso fue precedido por una asamblea ministerial, la que comenzó el 10 de octubre. Era el plan de los dirigentes de la Asociación General que durante estas dos convocaciones los dos temas que Jones y Waggoner habían abordado en la costa oeste -1) los cuernos de Daniel 7, y 2) Cristo, nuestra justicia, en relación con la ley en Gálatas- fueran completamente ventilados y clarificados.

Al finalizar la asamblea ministerial, durante la cual Jones habló de Daniel 7, la mayor parte de los delegados habían fijado su posición en cuanto a si los hunos o los alemanes representaban uno de los 10 cuernos. Los delegados se llamaban a sí mismos "hunos" o "alemanes", dependiendo de si estaban del lado de Urías Smith y la posición histórica de los adventistas o con Jones. Jones había presentado razonamientos convincentes; nadie podía discutir sus argumentos y sus evidencias. Pero consternó a muchos por su impetuosa descortesía al atribuir al respetado Urías Smith ignorancia personal cuando éste modestamente admitió que simplemente había seguido a otros intérpretes bíblicos en su identificación de los 10 cuernos. Hasta este momento Elena de White todavía no había tomado una posición *[31]* ni en relación con los cuernos de Daniel 7 ni en cuanto a la ley en Gálatas. Sin embargo, ella reprendió a Jones por su dura observación.[1]

Acerca de la pregunta de si los hunos o los alemanes eran uno de los 10 cuernos, el popular historiador adventista, A.W. Spalding escribió: "El discutir sobre este trivial asunto histórico en presencia de temas tremendos como la expiación y la ley de Dios, era como concentrar varios cuerpos del ejército en la captura de una cabaña mientras la suerte de la batalla estaba vacilando en el campo. Pero para Smith la posesión de la cabaña parecía importante. Era su cabaña; si se retiraba de ese punto, podía ser llevado a cualquier parte".[2]

El desacuerdo acerca de los cuernos fue el preludio de la disensión en cuanto a la doctrina de Cristo, nuestra justicia. Este fue el tema real de la contienda durante el congreso. Y este tema involucraba la ley en Gálatas. Waggoner aplicaba textos acerca de la ley como "nuestro ayo" de Gálatas 3:24 a la ley moral. Esta interpretación constituía un corte con la exégesis tradicional adventista y era resistida por Butler, Smith y otros dirigentes reconocidos.

Este breve capítulo no tratará de indagar las actitudes y las reacciones de todos los participantes del congreso en relación con el mensaje de 1888. Más bien, se limitará a las declaraciones que hizo Elena de White acerca de cómo reaccionaron los delegados durante el congreso.

Pero primero consideremos algunos de los acontecimientos que se produjeron durante el congreso. Esto explicará lo que dice Elena de White de ciertos dirigentes en algunas de sus declaraciones. En una ocasión, cuando los ministros de más edad estaban cada vez más inquietos por la presentación de Waggoner, R.M. Kilgore, un administrador sureño y miembro de la Junta de la Asociación General, hizo la moción de que se suspendieran las presentaciones de Waggoner acerca de la justificación por la fe hasta que Butler, que estaba enfermo, pudiera estar presente. Elena de White, que estaba sentada en la plataforma en esta reunión, inmediatamente se puso de pie y lo objetó diciendo: "¿Acaso quiere el Señor que su obra espere al pastor Butler? El Señor desea que su obra continúe y no espere a ningún *[32]* hombre".[3] Puesto que nadie respondió a la declaración de Elena de White, las presentaciones de Waggoner continuaron.

Otro episodio es el de la respuesta de J.H. Morrison a las presentaciones de Waggoner. Los oponentes de Waggoner escogieron a Morrison para responder formalmente a Waggoner. Mo-rrison, presidente de la Asociación de Iowa, sostenía que los adventistas del Séptimo día siempre habían creído y enseñado la justificación por la fe. Esto, por supuesto, era técnicamente co-rrecto, pero no reconocía que esta doctrina fundamental, correctamente entendida y como resultado de una experiencia personal con Cristo, había sido oscurecida por un ensombrecedor énfasis en la ley. Aunque sincero y fervoroso en su presentación, no logró convencer a muchos de sus oyentes de que la enseñanza de Waggoner no era la verdad presente de la Palabra de Dios.

La respuesta de Jones y Waggoner a la presentación de Morrison fue sencilla y sin pretensiones. Escogieron no hacer comentarios personales, sino que se limitaron a leer 16 pasajes de la Escritura. Prevaleció entre la audiencia un sorprendido silencio mientras ambos se ponían de pie y leían en forma alternada los pasajes. Luego de leerlos, volvieron a sus asientos. Se ofreció una oración y la reunión concluyó.

Esta refutación singular a la presentación de Morrison dejó una impresión profunda e imborrable en los delegados.[4]

Elena de White habló unas veinte veces durante la asamblea ministerial y el congreso. En su primera presentación al congreso, durante la mañana del 18 de octubre, en forma tangencial enfatizó la necesidad de una experiencia viva de justificación por la fe al alertar a sus oyentes con las palabras de Jesús: "Separados de mí nada podéis hacer" (Juan 15:5). Ella dijo: "Se nos ha encomendado una verdad grande y solemne para estos últimos días, pero un mero asentimiento a la verdad y una creencia en ella no nos salvará. Los principios de la verdad deben estar entrelazados con nuestro carácter y con nuestra vida". Hacia el final señaló que "la gran necesidad de este momento es la de humillarnos ante Dios, para que el Espíritu Santo pueda entrar en nosotros".

Dijo que muchos tenían un conocimiento superficial de la verdad y que necesitaban investigar las Escrituras por sí, mismos "para ver si sus ideas corresponden a la Palabra de Dios".[5] En su *[33]* discurso a los pastores, el 21 de octubre, deploró las "habladurías y los malos pensamientos" presentes "en este congreso". Con-tinuó diciendo: "Me ha dolido escuchar tantas bromas y chanzas entre viejos y jóvenes en las mesas del comedor". Hizo un llamado a los jóvenes que estaban entrando al ministerio para que "prestaran atención a lo que escuchaban" y a "ser cuidadosos en cómo se oponen a las preciosas verdades [el mensaje de justificación por la fe] de las cuales tienen ahora tan poco conocimiento".[6]

Exactamente una semana después del comienzo del congreso, el 24 de octubre, en una reunión con los pastores, Elena de White expresó tristeza porque el congreso estaba "llegando a su fin, y no se ha hecho ni una confesión; no ha habido ni una sola apertura a fin de que el Espíritu de Dios entre". Continuó diciendo: "¿Qué sentido tiene reunirnos todos aquí y que vengan nuestros hermanos ministros si están aquí sólo para apartar el Espíritu de Dios de las personas? Esperábamos que hubiera un acercamiento a Dios aquí. Quizás ustedes piensan que tienen todo lo que quieren...

"Si los ministros no reciben la luz, quiero darle al pueblo una oportunidad; quizás ellos quieran recibirla".[7]

Elena de White se refirió a la moción de Kilgore para terminar las presentaciones de Waggoner en tanto Butler no estuviera presente. Ella dijo: "Aquí están el pastor

Smith y el pastor Van Horn, que han estado tratando con la verdad durante años, y sin embargo no debemos tocar el tema porque el pastor Butler no está aquí. Pastor Kilgore, me apené más de lo que puedo expresar cuando lo escuché hacer ese comentario, porque perdí la confianza en usted. Ahora bien, nosotros queremos estar de acuerdo con lo que Dios dice; yo no creo en toda esta terrible sensibilidad. Vayamos al Señor en busca de la verdad en lugar de mostrar este espíritu combativo". También expresó su deseo de que J. H. Morrison, quien presentó la respuesta formal a las presentaciones de Waggoner, pudiera "convertirse y tratar la Palabra de Dios con mansedumbre y con el Espíritu de Dios".

Elena de White observó con gran pesar que el Espíritu de Dios no se hallaba en su reunión. Más tarde reconoció con dolor que sus "hermanos ministros vinieron al congreso con un espíritu que no era el Espíritu de Dios".[8] La ausencia del Espíritu hizo que *[34]* la verdad fuera inefectiva. Ella declaró: "Vi que almas preciosas que hubieran abrazado la verdad se han alejado de ella por la manera en que se la trató, porque Jesús no estaba en ella. Y esto es lo que he estado rogándoles todo el tiempo: necesitamos a Jesús. ¿Cuál es la razón por la cual el Espíritu de Dios no vino a nuestras reuniones?"[9]

Antes que terminara el congreso, Elena de White hizo una clara declaración oral a "los hermanos reunidos en Congreso general". En esta presentación abogó por un estudio más profundo de la Palabra. Comenzó instándolos a "ejercitar el espíritu cristiano", a no sucumbir "a los fuertes sentimientos de prejuicio", sino a "estar preparados para investigar las Escrituras con mentes imparciales, con reverencia y sinceridad... No debiera permitirse que nuestros sentimientos personales influyan sobre nuestras palabras o sobre nuestro juicio", dijo. "Como cristianos, no tienen derecho a abrigar sentimientos de enemistad, falta de bondad, prejuicio hacia el Dr. Waggoner, quien ha presentado sus puntos de vista en forma clara y recta, como debe hacerlo un cristiano".[10]

Hacia el final de su discurso, dijo: "Quienes no tienen el hábito de pensar e investigar por sí mismos, creen ciertas doctrinas porque sus asociados en la obra las creen. Resisten la verdad sin ir a las Escrituras por sí mismos para aprender cuál es la verdad. A causa de que aquellos en los cuales tienen confianza se oponen a la luz, ellos se oponen también, sin saber que están rechazando el consejo de Dios contra sí mismos... No es sabio que cualquiera de estos jóvenes tome una decisión en esta reunión donde la oposición más que la investigación es el orden del día. Las

Escrituras deben constituir su estudio, entonces sabrán que tienen la verdad. Abran su corazón para que Dios pueda escribir la verdad sobre sus tablas".

Finalizó esta charla haciendo notar nuevamente la oposición al Espíritu que había prevalecido en el congreso. "Cuando el Espíritu de Dios entra, el amor toma el lugar de la desavenencia, porque Jesús es amor; si aquí se apreciara su Espíritu, nuestra reunión sería como un arroyo en el desierto".[11]

Con profundo dolor Elena de White percibió que no se permitió que el Espíritu de Dios fuera el líder invisible de este congreso. Su control hubiera eliminado las desavenencias y los hubiera *[35]* llenado a todos con amor divino. Aun después, ella recordaba con dolor este congreso. Escribió: "Se me ha instruido que la terrible experiencia del congreso de Minneapolis es uno de los capítulos más tristes en la historia de los creyentes en la verdad presente".[12]

Referencias:

1. Schwarz, Light Bearers to the Remnant, págs. 187, 188.

2. Spalding, Origin and History of Seventh Day Adventists, t.2, pág. 292.

3. L. E. Froom, Movement of Destiny [Movimiento del destino] (Washington, D.C., Review and Herald Pub. Assn., 1971), pág. 246; véase Elena de White, Manuscrito 9, 1888, en Olson, Thirteen Crisis Years, pág. 302.

4. Ibíd., págs. 246, 247.

5. Véase su discurso en Olson, ibíd., págs. 263 266.

6. Ibid., págs. 284, 286, 290.

7. Ibid., págs. 300, 301.

8. Ibíd., págs. 302, 303.

9. Ibíd.

10. Ibíd. pág. 303.

11. Ibíd., págs. 310, 311.

12. Citado en Olson, ibíd., pág. 43.

[36]

Capítulo 6—Se maltrata al Espíritu Santo

Los opositores del mensaje de 1888 en Minneapolis se unieron bajo el liderazgo del presidente de la Asociación General, George Butler. Aunque estaba ausente por enfermedad, aun controlaba en forma efectiva la Junta de la Asociación General y dirigía a la mayoría de los ministros en el Congreso. Cinco años más tarde, en un artículo publicado en la Review y titulado "Personal", Butler confesó su oposición al mensaje de la justificación por la fe presentado por Waggoner y Jones. Él declaró: "Por diversas razones a las cuales no necesito referirme aquí, mis simpatías no estaban con los que presentaban a nuestro pueblo lo que ahora considero como luz".[1]

En una de sus charlas matutinas en el congreso, Elena de White dijo: "Nunca he estado más alarmada que ahora". Se refería a la oposición de Butler al mensaje de la justificación por la fe y a la propuesta de Kilgore de que no se discutiera la ley en Gálatas porque Butler no estaba presente.[2]

En este capítulo veremos su evaluación del congreso al mirarlo retrospectivamente. El mismo día que finalizó, le confió en una carta a su nuera Mary que "nosotros [su hijo Guillermo, el esposo de Mary, y ella] hemos tenido la más terrible e incomprensible lucha que alguna vez tuvimos entre nuestra gente". Ella y Guillermo "debían vigilar en todo momento, no fuera que se hicieran movimientos, se tomaran resoluciones que redundaran en detrimento de la obra futura".

Ella continúa: "La mente de un hombre enfermo ha tenido un poder controlador sobre la Junta de la Asociación General y los pastores han sido la sombra y el eco del hermano Butler *[37]* durante demasiado tiempo como para ser saludable y para el bien de la causa. La envidia, los celos y las malas conjeturas han estado trabajando como la levadura hasta que todo el montón parece estar leudado...

"El hermano Butler, pensamos, ha estado en el cargo tres años de más, y ahora toda humildad lo ha abandonado. Piensa que su cargo le da tanto poder que su voz es infalible. Quitar esto de la mente de nuestros hermanos ha sido asunto difícil. Su caso será difícil de manejar, pero confiamos en Dios... Estoy agradecida a Dios por la fuerza y la libertad y el poder de su Espíritu al dar mi testimonio aunque ha hecho sobre muchas mentes una menor impresión que en cualquier otro período de mi vida.

Satanás parece haber tenido poder para estorbar mi trabajo en un grado asombroso, pero tiemblo al pensar lo que hubiera pasado en esta reunión si no hubiéramos estado aquí".[3] Esta fue su primera e inmediata reacción al congreso y a sus procedimientos.

A comienzos de 1889 se reunió con los miembros del Tabernáculo de Battle Creck y les presentó un corto informe de lo sucedido en Minneapolis. Al escribir acerca de este informe, dijo: "Les hablé de la difícil posición en la que me encontraba, el estar sola y compelida a reprobar el espíritu incorrecto que era el poder que controlaba esa reunión. Las sospechas y los celos, las conjeturas malignas, la resistencia al Espíritu de Dios que los llamaba... Declaré que el curso seguido en Minneapolis fue de crueldad hacia el Espíritu de Dios".[4]

En mayo de 1890 hizo referencia a la continuada oposición al mensaje de 1888, primeramente manifestada en Minneapolis. Ella observó: "Cristo ha registrado todos los discursos orgullosos, duros y despectivos dichos en contra de sus siervos como contra él mismo".[5]

En una carta escrita en 1892, Elena de White recuerda su desaliento por causa de la actitud semejante a la de Coré, Datán y Abiram que prevaleció en Minneapolis, y de su plan de dejar el congreso. Escribió:

"Cuando me propuse dejar Minneapolis, el ángel del Señor se paró a mi lado y dijo: 'No, eso no; Dios tiene una obra que debes hacer en este lugar. La gente está repitiendo la rebelión de Coré, Datán y Abiram. Te he colocado en el lugar apropiado, que quienes no están en la luz no reconocerán; no escucharán *[38]* tu testimonio; pero yo estaré contigo; mi gracia y mi poder te sostendrán. No es a ti a quien desprecian, sino a los mensajeros y al mensaje que yo envié a mi pueblo. Han mostrado desdén por la Palabra del Señor. Satanás ha enceguecido sus ojos y ha pervertido su juicio; y a menos que cada alma se arrepienta de su pecado, esta independencia no santificada está insultando al Espíritu de Dios, y caminarán en oscuridad. Quitaré el candelabro de su lugar a menos que se arrepientan y se conviertan, para que los sane. Han oscurecido su visión espiritual. No [querrán] que Dios manifieste su Espíritu y su poder; porque tienen un espíritu de burla y disgusto hacia su Palabra. Diariamente practican la liviandad, las bromas, la frivolidad. No han dispuesto sus corazones para buscarme. Caminan en las chispas de su propio fuego, y a menos que se arrepientan, morirán con tristeza'.

"Nunca antes he visto entre nuestro pueblo tan firme complacencia propia e indisposición para aceptar y reconocer la luz como la que se manifestó en Minneapolis. Se me ha mostrado que ninguno del grupo que atesoró el espíritu manifestado en esa reunión tendría nuevamente luz clara como para discernir la hermosura de la verdad enviada del cielo hasta que humillara su orgullo y confesara que no estaba dominado por el Espíritu de Dios, sino que su mente y su corazón estaban llenos de prejuicios. El Señor deseaba estar cerca de ellos para bendecirlos y sanarlos de su apostasía, pero ellos no escucharon. Estaban poseídos por el mismo espíritu que inspiró a Coré, Datán y Abiram".[6]

A Elena de White le resultó difícil borrar el recuerdo desagradable de la sesión del Congreso de la Asociación General de Minneapolis. En 1892 le escribió a Urías Smith en el mismo tenor:

"Nunca podré olvidar la experiencia que tuvimos en Minneapolis, O... el espíritu que controló a los hombres, las palabras que se hablaron, los actos que se hicieron obedeciendo a los poderes del mal.

"Algunos han confesado... Otros no han hecho ninguna confesión... En la reunión fueron movidos por otro espíritu, y no saben que Dios envió a estos hombres jóvenes, los hermanos Jones y Waggoner, para trasmitirles un mensaje especial a ellos, y los trataron con el ridículo y el desprecio, sin darse cuenta de que las inteligencias celestiales estaban mirándolos y registrando *[39]* sus palabras en los libros del cielo... Sé que en esos momentos se insultó al Espíritu de Dios".[7]

En un mensaje enviado desde Australia, y leído en la sesión del Congreso de la Asociación General de 1893, Elena de White dijo con referencia al congreso de Minneapolis:

"La influencia que surgió por la resistencia a la luz y a la verdad en Minneapolis, tendió a dejar sin efecto la luz que Dios ha dado a su pueblo por medio de los Testimonios...

"La obra de los oponentes a la verdad ha estado avanzando constantemente mientras que hemos sido compelidos a dedicar nuestras energías en gran medida a contrarrestar la obra del enemigo por medio de los que estaban en nuestras filas".[8]

Tres años más tarde, Elena de White hizo estas alarmantes declaraciones acerca de las sesiones del congreso de la Asociación General en Minneapolis: "El enemigo consiguió que las cosas estuvieran bastante a su manera [en el congreso de Minneapolis]... Todos los que se congregaron en esa reunión tuvieron la oportunidad de colocarse del lado de la verdad al recibir al Espíritu Santo, que fue enviado por Dios en una rica corriente de amor y misericordia. . . Las escenas ocurridas en esta reunión hicieron avergonzarse al Dios del cielo de llamar hermanos a quienes tomaron parte en ellas. Todo esto lo vio el Observador celestial, y está escrito en el libro de las memorias de Dios".[9]

Acerca de aquellos que rehusaron recibir el Espíritu Santo, y acariciaron sentimientos no santificados en el congreso de Minneapolis, ella dijo: "El mismo espíritu que mostraron los que re-chazaron a Cristo inflama sus corazones, y si hubieran vivido en los días de Cristo, hubieran actuado con él de manera similar a la de los judíos incrédulos e impíos".[10]

En otro lugar, Elena de White expresó los mismos sentimientos en estas palabras: "Todo el universo del cielo presenció el desgraciado tratamiento que se le dio a Jesucristo, representado por el Espíritu Santo. Si Cristo hubiera estado ante ellos, lo hubieran tratado de manera similar a la forma en que los judíos trataron a Cristo".[11]

En 1897 Elena de White escribió estas palabras acerca de la misma ocasión: "Injuriada e insultada, la Deidad hablará, proclamando los pecados que han sido escondidos. Así como los **[40]** sacerdotes y los gobernantes, llenos de indignación y terror, buscaron refugio en la huída en la última escena de la purificación del templo, así también será en la obra de estos últimos días".[12]

La evaluación de Elena de White del congreso de Minneapolis no resultó más favorable con el paso de los años. Si cambió en alguna manera, se hizo más aguda al señalar el estado de rebelión contra Dios. Ella recordaba la reunión como una derrota para Dios y, en gran medida, para el progreso de su verdad.

La suma total de estas angustiosas declaraciones de la sierva del Señor nos dicen que en el congreso de Minneapolis no sólo se resistió al Espíritu Santo, sino que también fue tratado cruelmente. Esta crueldad se manifestó en discursos duros, orgullosos, despectivos hacia los mensajeros especiales de Dios, Jones y Waggoner. Los oradores no se daban cuenta de que sus palabras duras estaban dirigidas a Cristo mismo. Cuando los asistentes despreciaron a los mensajeros del Señor, insultaron al Espíritu de Dios. Satanás cegó sus ojos, y fueron movidos por él, como lo fueron Coré, Datán y Abiram al rebelarse contra Moisés. Movidos por un espíritu maligno y hablando bajo su influencia, insultaron al Espíritu Santo. Todo esto fue registrado por las inteligencias celestiales.

El Cielo se avergonzó de llamar sus hijos a los que resistieron el mensaje de 1888. Algunos eran dirigentes, como Butler y Smith, que habían usurpado el lugar de Dios en los pensamientos de la mayoría de los obreros. Bajo su liderazgo, la mayoría de los delegados al congreso llegaron tan lejos en su oposición al Espíritu Santo que si Jesús hubiera estado presente lo hubieran tratado como los judíos de la antigüedad lo hicieron lo hubieran crucificado. En los libros del cielo los que rechazaron el mensaje de 1888 en Minneapolis están registrados como asesinos de Jesús, puesto que "los libros del cielo registran los pecados que se hubieran cometido si hubiese habido oportunidad".[13]

Existía en el congreso una alarmante ceguera espiritual. Elena de White escribió: "Había, y yo lo sabía, una asombrosa ceguera en las mentes de muchos, de modo que no discernían dónde estaba el Espíritu de Dios y qué constituía la verdadera experiencia cristiana. Resultaba doloroso considerar que éstos eran los guardianes del rebaño de Dios... *[41]*

"Nuestros hermanos que han ocupado cargos de liderazgo en la obra y en la causa de Dios debieran haber estado tan estrechamente conectados con la Fuente de toda luz que no hubieran llamado tinieblas a la luz y luz a las tinieblas".[14]

Esta alarmante condición no prevaleció porque el Espíritu Santo se hubiera retirado de la asamblea en Minneapolis. El Espíritu Santo estaba presente con poder, tratando de dar vuelta a la marea. En 1895 Elena de White escribió: "Una y otra vez el Espíritu del Señor vino a la reunión con poder de convicción, a pesar de la incredulidad manifestada por algunos de los presentes".[15] Pero fue tratado como un invitado no bienvenido. Los asistentes rehusaron reconocerlo y aceptarlo, al rechazar el mensaje de la justificación por la fe al acusar a este mensaje y a sus seguidores de fanatismo.[16]

Catorce años después del congreso de Minneapolis, lo terrible de esta experiencia permanecía aún en la memoria de Elena de White. La recordaba como una "experiencia terrible... uno de los capítulos más tristes en la historia de los creyentes de la verdad presente".[17]

Ella observó que "Satanás estaba consiguiendo las cosas bastante a su manera" en el congreso de Minneapolis al "aprovecharse de la naturaleza humana".[18] Su oración era: "Que Dios impida que acontezca alguna cosa como la de Minneapolis".[19]

Referencias:

1. Escrito el 13 de junio de 1893; citado en Olson, Thirteen Crisis Years, pág. 92.
2. En Olson, ibíd., págs. 300, 302.
3. White, Carta 82, 1888.
4. Manuscrito 30, 1889.
5. Review and Herald, 27 de mayo de 1890.
6. Carta 2a, 1892; parcialmente en Olson, ibíd., págs. 43, 44.
7. White, Carta 24, 1892.
8. General Conference Bulletin, 1893, pág. 1, en Olson, ibíd., págs. 85, 86.
9. Elena de White a 0. A. Olsen, 31 de mayo de 1896 en Special Instruction Relating to the Review and Herald Office and Work at Battle Creck [Instrucciones especiales referentes al ministerio de la Review and Herald y a la obra en Battle Creek).
10. Ibid.
11. Elena de White a 'Brethren Occupying Responsible Positions in the Work' [Hermanos que ocupan cargos de responsabilidad en la obra], 16 de enero de 1896, en White, Special Testimonies, Series A, no 6, pág. 20.
12. White, Special Testimonies, Series A, no 7, págs. 54, 55.
13. Comentario bíblico adventista, Cornentarios de Elena de White, t. 5, pág. 1061.
14. White, Manuscrito 24, 1888. *[42]*
15. Carta 51a, 1895, en Olson, ibíd., pág. 44.
16. Véase White, Testimonios para los ministros, págs.96, 97.
17. Carta 179, 1902 en Olson, pág. 43.
18. Carta 14, 1889.
19. Ibíd.

[43]

Capítulo 7—¿Por qué esta traición?

Nuestra imaginación parece tambalear al pensar que delegados a un congreso de la Asociación General de los Adventistas del Séptimo Día pudieron tratar en forma vergonzosa al Espíritu Santo, insultarlo e injuriarlo, y aun crucificar en forma figurada a Jesús en la persona del Espíritu Santo. ¿Cómo es posible eso?

Como los delegados al congreso no habían investigado las Escrituras por sí mismos Elena de White, en un llamamiento a sus corazones se lo había pedido y no habían sido transformados por el mensaje salvador de la Biblia, bajo la influencia modeladora del Espíritu Santo, su intransigencia es bastante comprensible. Sin un conocimiento personal de ¡os temas, la posición natural era seguir a sus líderes. En primer lugar, entre ellos se encontraban George Butler y Urías Smith, apoyados por Morrison y otros. Elena de White escribió que la posición de Butler, comunicada a los delegados mediante "telegramas y largas cartas" desde su lecho de enfermo en Battle Creek, era la de " 'mantenerse del lado de los viejos hitos'. ¡Como si el Señor no estuviera presente en el congreso, y no mantuviera su mano sobre la obra!", escribió ella.[1]

En el mejor de los casos, el cambio es generalmente difícil y doloroso; a veces peligroso. Se incurre en la culpa más fácilmente si algo sale mal en el proceso de cambio que si ocurre un desastre siguiendo los patrones viejos y familiares. Si no hay otra cosa, la inercia humana misma sugiere que uno permanezca en la posición conocida y familiar. Butler y sus seguidores iban a lo seguro al "mantenerse del lado de los viejos hitos". Pero la voluntad de Dios era avanzar.

"La falta de voluntad para renunciar a opiniones preconcebidas y aceptar esta verdad [la de Cristo, nuestra justicia, sin *[44]* conectarla con la ley en Gálatas fue la principal base de la oposición manifestada en Minneapolis contra el mensaje del Señor expuesto por los hermanos [E.J.] Waggoner y [A.T.] Jones. Suscitando esa oposición, Satanás tuvo éxito en impedir que fluyera hacia nuestros hermanos, en gran medida, el poder especial del Espíritu Santo que Dios anhelaba impartirles. El enemigo les impidió que obtuvieran esa eficiencia que pudiera haber sido suya para llevar la verdad al mundo, tal como los apóstoles la proclamaron después del día de Pentecostés. Fue resistida la luz que ha de alumbrar a toda la tierra con su gloria, y en gran medida ha sido mantenida lejos del mundo por el proceder de nuestros propios hermanos".[2]

Urías Smith era el líder que reflejaba exactamente el pensamiento del pastor Butler en el congreso de Minneapolis. Era uno de los hombres mejor educados de la denominación, un respetado editor y maestro. Muchos de los ministros habían sido sus alumnos en el colegio de Battle Creek, donde fue el primer profesor de Biblia y ocupó la "cátedra de Exégesis Bíblica" desde 1875 hasta 1882. Su cargo de profesor había ayudado a atraer alumnos al nuevo colegio. Por 1885 había más de treinta de sus alumnos en el ministerio adventista. Muchos más asistieron a sus conferencias bíblicas. A pedido de la junta de la Asociación General, después de 1873 había dirigido estas conferencias en varios Estados para instruir a los obreros. Durante décadas los ministros y los laicos habían sido fuertemente influidos por su pensamiento.[3]

Al no tener convicciones propias, era natural que la mayoría de los ministros siguiera a sus reverenciados líderes, ¿Por qué iban a subirse al carro de dos jóvenes venidos de la costa oeste que ni siquiera tenían un gran registro de servicio en la iglesia, mientras que Butler, Smith, Morrison y otros eran dirigentes de larga data?

Además, ya había surgido durante la asamblea ministerial el descontento contra Jones y Waggoner. En primer lugar, la misma diferencia de personalidades entre Jones y Waggoner y los líderes de la iglesia produjo conflicto. Tanto Jones como Waggoner no eran sino jovencitos en comparación con los bien conocidos líderes de la iglesia. Butler tenía 54 años de edad y Urías Smith, secretario de la Asociación General, tenía 56; A.R. Henry, *[45]* el tesorero, y R.M. Kilgore, otro miembro de la junta de la Asociación General tenían ambos 49 años.

Por otra parte, Jones y Waggoner habían sido formados con distinto molde, tanto física como educacionalmente, que el promedio de los pastores adventistas de sus días. Jones, convertido en el ejército al adventismo, era alto y anguloso, con maneras más bien rudas y toscas. De todas maneras, era un orador sumamente efectivo y tenía una mente fotográfica. Waggoner era bajo de estatura, fornido y un poco tímido. Era un producto de las escuelas del saber; tenía la mente llena de conocimientos y los compartía con una lengua de plata. Juntos, Jones y Waggoner constituían un dúo dinámico para hacer progresar sus convicciones cristianas.

Muchos de los delegados al congreso de Minneapolis se convirtieron en cómplices del pecado de rechazar el mensaje de la justificación por la fe, al actuar en conformidad con las leyes de la dinámica de grupos. Como muchos de sus respetados y amados líderes rechazaron el mensaje de Minneapolis, ellos siguieron a sus líderes rechazándolo también. En otro contexto, Elena de White habló del asunto en esta forma: "La influencia de una mente sobre otra es un poder muy fuerte para el bien cuando está santificada, pero es igualmente fuerte para el mal en las manos de los que se oponen a Dios... Los hombres se convierten en tentadores de otros hombres. Se acarician los sentimientos fuertes y corruptores de Satanás, y ellos ejercen un poder magistral y constrictivo".[4]

Elena de White advirtió contra esto mismo en su presentación a los obreros en la conferencia del lo de noviembre. Dijo: "Positivamente existe el peligro de que quienes profesan creer la verdad puedan ser encontrados en una posición similar a la de los judíos. Ellos toman las ideas de los hombres con quienes se asocian".[5]

Recordando el congreso de Minneapolis, Elena de White escribió en una carta a S.N. Haskell en 1894: "Hombres escogidos por Dios para una tarea especial han estado en peligro porque la gente ha mirado a los hombres en lugar de mirar a Dios. Cuando el pastor Butler era presidente de la Asociación General, los ministros colocaban al pastor Butler, al pastor Smith y a algunos otros en el lugar donde sólo debería estar Dios".[6] *[46]*

Aunque no es posible excusar a los guardianes de la iglesia, como los llama Elena de White, por seguir el liderazgo de los hombres en lugar de seguir al Espíritu Santo, su falla es ciertamente comprensible.

En la iglesia apostólica, Pablo era un pensador cristiano valeroso e inusualmente bien informado. Él, valientemente se atrevió a pararse solo del lado de la verdad. Este rasgo de independencia temeraria lo manifestó luego del incidente del camino a Damasco cuando se separó de todos sus amigos fariseos y se convirtió en seguidor del humilde Nazareno. Pero en su última visita a Jerusalén también defraudó a Dios en su deseo de agradar a, los dirigentes de la iglesia de Jerusalén. Cuando estos aconsejaron a Pablo que se uniera a cuatro nazareos en los ritos mosaicos, Pablo accedió a su pedido y lo hizo (véase Hechos 21:23 26).

El firme Pablo fue influenciado por lo que hoy llamamos espíritu de masa. Pero al tratar de agradar a sus amigos ministros y hermanos, fue demasiado lejos. Elena de White comenta lo siguiente en relación con la sumisión de Pablo a los dirigentes: "El Espíritu de Dios no había sugerido esa instrucción; era el fruto de la cobardía". Pablo "no estaba autorizado por Dios para concederles tanto como ellos pedían". Pero se sentía "constreñido a desviarse del derrotero firme y decidido que había seguido hasta entonces" animado por su "gran deseo... de estar en armonía con sus hermanos" y por "su reverencia por los apóstoles que habían estado con Cristo, y hacia Santiago, el hermano del Señor".[7]

Pedro, otro de los pilares entre los apóstoles, había caído en la misma trampa al tratar de agradar a sus compañeros judíos creyentes en Antioquía de Siria (véase Gál. 2:9 14). Es irónico que Pablo, que reconviniera tan severamente a Pedro por su traspié en Antioquía, cayera en la misma trampa. A la luz de estos fracasos por parte de Pedro y Pablo, es fácil comprender cómo la mayoría de los delegados al congreso de Minneapolis siguieron a sus dirigentes en el rechazo del mensaje de 1888. Por cierto, la amonestación de Pablo se aplica a todos nosotros: "Así que, el que piensa estar firme, mire que no caiga" (1 Cor. 10:12).

No resulta agradable pensar, aunque es verdad, que en el congreso de Minneapolis los dirigentes de la Iglesia Adventista del *[47]* Séptimo Día representaron el papel de los dirigentes judíos del tiempo de Jesús. Durante el ministerio de Cristo en la tierra el pueblo judío le era preponderantemente favorable. Fueron los líderes judíos los que más tarde los incitaron a pedir su crucifixión. En el congreso de Minneapolis de 1888, la punta de flecha de la oposición al mensaje de la justificación por la fe estuvo formada por los hermanos dirigentes. Ellos reunieron a su alrededor a la mayoría de los ministros y por medio de estos hombres influyeron en muchos laicos.

Siempre ha sido el plan de Dios dirigir a su pueblo por medio de líderes. Dios le hablaba a Moisés, y él transmitía el mensaje de Dios al pueblo. Más tarde, también en tiempos bíblicos los profetas eran sus portavoces especiales. Cuando Pablo fue llamado a ser embajador a los gentiles, el Espíritu dirigió a Ananías, un representante de la iglesia, para que le diera la comisión divina y que dijera a Pablo lo que debía hacer (véase Hech. 22:10 16). Dios tiene una cadena de mandos para comunicarse con su pueblo. Apocalipsis 1:1 lo señala. Pero lo inverso también es cierto. Cuando los dirigentes fallan, surgen problemas para que el mensaje de Dios llegue a la gente. Elena de White escribió que fue "por el proceder de nuestros propios hermanos" que la luz fue mantenida lejos del pueblo de Dios en 1888.[8]

Pero el tener un liderazgo divinamente ordenado no absuelve al seguidor de su responsabilidad personal. No debemos seguir a los dirigentes ciegamente. Es el privilegio de cada creyente aprender a conocer la voluntad de Dios a través de su Palabra por iluminación del Espíritu Santo. La Palabra fue dada por medio del Espíritu Santo (véase 2 Ped. 1:21). Así que las indicaciones del Espíritu siempre estarán de acuerdo con la Palabra. Y el Espíritu Santo está deseoso de impulsar a cada uno a hacer lo que es correcto.

Hubo algunos en el congreso de Minneapolis que conocían la Palabra y que siguieron las indicaciones del Espíritu sin reservas. Cuando la verdad de Dios fue revelada ante ellos por los voceros de Dios en el congreso, fueron guiados por el Espíritu para ver la luz. Entre quienes vieron la luz estaba Elena de White, quien apoyó firmemente a Jones y Waggoner.

Otros también percibieron la verdad cuando se reveló ante *[48]* ellos. Entre estos estaba Stephen Haskell. Este gigante de la fe, de la humildad y del amor a Dios y hacia los que están perdidos en el pecado, parece haber sido extraído de las rocas de granito de Nueva Hampshire. Nunca vaciló en su firme alianza con Dios. Como lo testifica su vida, reconocía hasta las más pequeñas in-dicaciones del Espíritu. Parece ser que nunca vaciló ni aun estando solo del lado de Dios, si la ocasión lo demandaba.[9] Había otros como él en el congreso de Minneapolis, pero eran una minoría.

El 14 de octubre, unos pocos días después de comenzado el congreso de la Asociación General, Elena de White le escribió a George Butler que estaba en Battle Creek: "En general, la influencia y el espíritu de los ministros que han venido a esta reunión es de no tomar en cuenta la luz. Me entristece ver que el enemigo tiene poder sobre sus mentes para llevarlos a tomar tal posición. Serán una trampa para ustedes y un obstáculo para la obra de Dios, si Dios alguna vez me ha hablado a mí".[10]

Si la mayoría de los judíos no hubieran sido desviados por los dirigentes judíos y no hubieran exigido la crucifixión de Cristo, Jesús no hubiera sido crucificado. De la misma manera, si la ma-yoría de los delegados al congreso de Minneapolis no hubiera seguido a sus dirigentes al rechazar el mensaje de 1888, Elena de White no hubiera expresado en forma implícita que Cristo había sido crucificado en forma figurada en el congreso.

El congreso de Minneapolis presenta un desafío para cada uno de nosotros. Debemos estudiar y conocer la voluntad de Dios para nosotros personalmente a través de su Palabra; debemos mantenernos humildes y dóciles, susceptibles a las indicaciones de Dios. Entonces cumplirá él sus promesas de guiarnos por el bien, ya que él "guía por su camino a los humildes; los instruye en la justicia!" (Sal. 25:9, versión Dios habla hoy; compárese con Sal. 12; 32:8; Isa. 30:21; Sant. 1:5).

Referencias:

1. White, Carta 7, 1888.

2. Carta 96, 1896, en White, Mensajes selectos, t. 1, pág. 276.

3. Durand, Yours in the Blessed Hope, págs. 231 236.

4. The SDA Bible Commentary, Comentarios de Elena de White, t. 7, pág. 973.

5. Olson, Thirteen Crisis Years, pág. 306. *[49]*

6. White, Carta 27, 1894.

7. Los hechos de los apóstoles (Buenos Aires, Asociación Casa Editora Sudamericana, 1977), págs. 333, 334 [325].

8. Mensajes selectos, t. 1, pág. 276.

9. E. M. Robinson, S. N. Haskell: Man of Action [S. N. Haskell: Hombre de acción] (Washington, D.C., Review and Herald Pub. Assn., 1967).

10. White, Carta 21, 1888.

[50]

Capítulo 8—¿Fue un pecado corporativo?

¿Reconoce Dios la culpa colectiva? ¿Toma como responsables por ella a los grupos o cuerpos de personas? Si las respuestas a estas preguntas son afirmativas, la iglesia adventista, a través de la actitud y el comportamiento de sus delegados al congreso de la Asociación General de 1888 en Minneapolis, ¿cometió un pecado colectivo e incurrió en culpa corporativamente?

Si Dios toma en cuenta un pecado y una culpa así, entonces la apostasía de Israel en el Sinaí al hacer el becerro de oro puede ser una ilustración de esto (véase Éx. 32). Otro caso al punto sería el rechazo por parte de Israel del gobierno de Dios y el pedido de un rey durante la época de Samuel (véase 1 Sam. 8). Otros ejemplos serían la apostasía de Israel en tiempos de Elías (véase 1 Rey. 18:1 29), y la negativa de Judá bajo el reinado de Sedequías de seguir los consejos de Jeremías de rendirse a los babilonios en el 586 AC (véase 2 Rey. 25; 2 Crón. 36:11 23; Jer. 21:1 10; compárese con Jer. 34). Otra ocasión de aparente pecado colectivo puede ser el rechazo y la crucifixión de Jesús por parte de la nación judía (véase Mat. 27:20 25).

En todos estos casos, la mayoría actuó contrariamente a la voluntad de Dios. Pero en todas estas ocasiones probablemente hubo individuos que no renunciaron a su fidelidad a Dios. En relación con la idolatría en el Sinaí, Elena de White escribió: "Una enorme multitud se reunió alrededor de su tienda [la de Aarón] para presentarle esta exigencia: 'Levántate, haznos dioses que vayan delante de nosotros' ". Pero añade: "Algunos permanecieron *[51]* fieles a su pacto con Dios; pero la mayor parte del pueblo se unió a la apostasía".[1]

Elías pensaba que sólo él estaba del lado de Dios. Pero el Señor le dijo que había siete mil personas más en Israel que compartían su lealtad a Dios, aunque en silencio, en forma inconspicua, y desconocida para él (véase 1 Rey. 19:18). Entre estos fieles seguidores de Dios estaban Abdías, mayordomo de la casa de Acab, y los profetas a quienes él protegía (véase 1 Rey. 18:3, 4, 12 y 13).

En uno de los pronunciamientos de pesar de Jesús en relación con los escribas y fariseos, les dijo: "Por tanto, he aquí yo os envío profetas y sabios y escribas; y de ellos, a unos mataréis y crucificaréis, y a otros azotaréis en vuestras sinagogas, y perseguiréis de ciudad en ciudad; para que venga sobre vosotros toda la sangre justa que se ha derramado sobre la tierra, desde la sangre de Abel el justo hasta la sangre de Zacarías hijo de Berequías, a quien matasteis entre el templo y el altar" (Mat. 23:34 y 35).

En este pasaje Jesús menciona hombres que habían sido asesinados cientos de años antes: Abel y Zacarías. Pero culpó a sus oyentes por el pecado de sus ancestros. Por esto se podría suponer que Jesús reconocía la culpa colectiva. Pero la siguiente declaración aclara que sus oyentes no eran culpables de haber matado a los profetas hasta que ellos mismos aprobaran el pecado de sus antepasados rechazando la luz que se les había dado por la oposición a Cristo y a sus enseñanzas.

"Poco comprendían los judíos la terrible responsabilidad que entrañaba el rechazar a Cristo. Desde el tiempo en que fue derramada la primera sangre inocente, cuando el justo Abel cayó a manos de Caín, se ha repetido la misma historia, con culpabilidad cada vez mayor. En cada época, los profetas levantaron su voz contra los pecados de reyes, gobernantes y pueblo, pronunciando las palabras que Dios les daba y obedeciendo su voluntad con riesgo de su vida. De generación en generación, se fue acumulando un terrible castigo para los que rechazaban la luz y la verdad. Los enemigos de Cristo estaban ahora atrayendo ese castigo sobre sus cabezas. El pecado de los sacerdotes y gobernantes era mayor que el de cualquier generación precedente. Al rechazar al Salvador se estaban haciendo responsables de *[52]* la sangre de todos los justos muertos desde Abel hasta Cristo. Estaban por hacer rebosar la copa de su iniquidad. Y pronto sería derramada sobre sus cabezas en justicia retributiva. Jesús se lo advirtió".[2]

Unos cuarenta años más tarde, la caída de Jerusalén trajo tremendo sufrimiento a los judíos que en el momento de la crucifixión de Jesús habían sido sólo niños y jóvenes. Pero el sufrimiento que aquejó a los judíos en la época de la caída de Jerusalén les llegó a ellos, no por causa de los pecados de sus padres, quienes realmente crucificaron a Jesús, sino a causa de sus propios pecados. En relación con esta calamidad, Elena de White escribió: 'Tos hijos no fueron condenados por los pecados de sus padres; pero cuando, conociendo ya plenamente la luz que fuera dada a sus padres, rechazaron la luz adicional que a ellos mismos les fuera concedida, entonces se hicieron cómplices de las culpas de los padres y colmaron la medida de su iniquidad".[3]

En ninguna de las ocasiones antes mencionadas, cuando la mayoría de los profesos hijos de Dios se unían en pecado, existe el registro de una confesión colectiva de pecado. Pero individuos como Daniel rogaron a Dios el perdón personal y nacional (véase Dan. 9:3 19). Daniel no lo hizo como administrador, sacerdote u oficial con un cargo sagrado de la nación judía, sino como un individuo en forma privada.

Como rey, David pecó al censar a Israel, y por lo tanto, permitió que el maligno afligiera a su pueblo (véase 2 Sam. 24). Como individuo, se arrepintió y confesó su pecado (véase el vers. 10). Algunos judíos, bajo la conducción de sacerdotes y gobernantes, escogieron crucificar a Cristo, y algunas de estas mismas personas se arrepintieron y pidieron perdón a Dios, porque leemos que más tarde "muchos de los sacerdotes obedecían a la fe" (Hech. 6:7).

Por medio de la inspiración se nos asegura que "quienes viven en este tiempo no son culpables de los hechos de quienes crucificaron al Hijo de Dios; pero si con toda la luz que brilló sobre su antiguo pueblo y que está delineada ante nosotros, andamos en el mismo camino, acariciamos el mismo espíritu, rehusamos recibir las advertencias y los reproches, entonces nuestra culpa aumentará grandemente, y la condenación que cayó sobre ellos *[53]* caerá sobre nosotros, sólo que será mucho mayor porque nuestra luz es mayor en esta época de lo que era en la suya".[4]

Esto está de acuerdo con el principio divino de la fidelidad en la mayordomía. "Porque a todo aquel a quien se haya dado mucho, mucho se le demandará" (Luc. 12:48). "Y de Sión se dirá: Este y aquél han nacido en ella, y el Altísimo mismo la establecerá. Jehová contará al inscribir a los pueblos: Este nació allí" (Sal. 87:5, 6). "Los hombres y las mujeres serán juzgados de acuerdo con la luz que les fue dada por Dios".[5]

Existen hombres y mujeres que, a causa de una falta de oportunidad para desarrollar su habilidad de elegir, nunca han madurado hasta ser realmente personas. Sin lugar a dudas, ha habido y probablemente haya ahora entre tales personas hombres y mujeres que han crecido en servil esclavitud.[6] Sus amos serán moralmente responsables por estas personas, pero esto no puede considerarse pecado o culpa colectiva.

El concepto de pecado colectivo y su consiguiente culpa colectiva es extraño al trato de Dios con el hombre. Cuando El creó a Adán y Eva, los dotó con libre albedrío (véase Gén. 2:17, 18). Dios ha otorgado esta admirable facultad a cada miembro racional de la raza humana. El Pecado, con la culpa resultante, surge del ejercicio del libre albedrío y descansa en la responsabilidad personal ante Dios.

En materia de pecado, Dios no trata con grupos de personas ni con comisiones. No toma a la junta como responsable por las medidas que dicta. Dios trata con individuos. Aunque una comisión o la iglesia por medio de sus representantes delegados haya tomado una decisión incorrecta, al tomar nota de la decisión colectiva, Dios, sin embargo, sólo toma como responsables por lo que votaron a los individuos que constituían la comisión.

Así como hay pecado personal, también existe la culpa personal, más bien que pecado y culpa colectivos. Por eso las personas se aferran y se identifican con el pecado;[7] son personas que "combaten la verdad y a sus representantes",[8] y en consecuencia ellas morirán al ser consumidas por la presencia de Dios.[9] Es una persona la que cae en pecado.[10] y la persona que encubre sus pecados no prosperará.[11] Es a una persona a quien el pecado no parece extremadamente pecaminoso;[12] es la *[54]* persona quien ve el pecado como justicia;[13] es una persona la que busca tapar el pecado y la culpa.[14]

El pecado es personal, no colectivo. En consecuencia, Dios no toma como responsable a los grupos, sino a los individuos. Si un grupo o una comisión adopta un plan que es contrario a la voluntad de Dios, los miembros individualmente pueden arrepentirse de su alejamiento de la voluntad de Dios. Esto es lo que hicieron los sacerdotes que se mencionan en Hechos 6:7.

Los descendientes no son responsables de los pecados de sus antepasados. La Palabra de Dios dice: "El alma que pecare, esa morirá; el hijo no llevará el pecado del padre, ni el padre llevará el pecado del hijo; la justicia del justo será sobre él, y la impiedad del impío será sobre él" (Eze. 18:20; compárese con Eze. 4:4). Los hijos "no son castigados por la culpa de sus padres, a no ser que participen de los pecados de éstos".[15]

Se ha dicho de tiempo en tiempo que la iglesia adventista cometió un pecado colectivo y que incurrió en la culpa colectiva en el Congreso de la Asociación General de 1888 en Minneapolis al rechazar el mensaje de la justificación por la fe. Aunque se hicieron algunos esfuerzos, aparentemente, por parte de algunos asistentes al congreso para que los delegados votaran sobre este tema, no se tomó ningún voto.[16] Todo esfuerzo dirigido a forzar una votación fue aplastado por un discurso que Elena de White pronunció hacia el final del congreso. En este discurso mencionó que a algunos les hubiera gustado "tener una decisión inmediata en cuanto a cuál es la postura correcta en relación con el tema en discusión... Esto le agradaría al pastor (Butler)", dijo, quien "aconsejó que este tema fuera arreglado de inmediato". Pero añadió: "No puedo sancionar este modo de proceder, porque nuestros hermanos están impulsados por un espíritu que mueve sus sentimientos, que perturba sus impulsos, de tal modo que controla su juicio. Mientras estén bajo tanta excitación como lo están ahora, no están preparados para tomar decisiones seguras".[17]

Ella continuó advirtiendo que "los mensajes que llegan de su presidente en Battle Creek están calculados para animarlos a tomar decisiones apresuradas y para formar bandos decididos; pero les advierto en contra de esto. No están calmados ahora; hay muchos que no saben lo que creen. Es peligroso tomar *[55]* decisiones en relación con cualquier punto controvertido sin considerar desapasionadamente todos los aspectos del asunto. Los sentimientos excitados llevarán a movimientos apresurados. Ciertamente muchos han venido a esta reunión con impresiones falsas y opiniones pervertidas. Imaginan cosas que no tienen fundamento en la verdad. Aun si la posición que hemos mantenido en relación con las dos leyes es verdadera, el Espíritu de verdad no aprobaría tales medidas para defenderla como la que muchos de ustedes tomarían".[18]

La iglesia oficialmente nunca rechazó la enseñanza de la justificación por la fe. Y aun si se hubiera tomado un voto en la asamblea y la mayoría hubiera votado en contra del mensaje de 1888, el pecado cometido no hubiera sido un pecado colectivo, sino uno por parte de cada persona que votara en su contra.

En Minneapolis, algunos individuos despreciaron el llamamiento de Dios a una experiencia viva de justificación por la fe, mientras que otros le dieron la bienvenida. Los individuos que rechazaron el mensaje, y no la iglesia, se convirtieron en responsables por ese pecado. Acerca de quienes rechazaron las súplicas del Espíritu Santo en Minneapolis, Elena de White dijo más tarde: "El pecado cometido en lo que sucedió en Minneapolis permanece en los libros de registro del cielo, registrados en nombre de quienes resistieron la luz; y permanecerá en ese registro hasta que se haga una confesión completa, y los transgresores estén de pie con completa humildad ante Dios".[19]

"'Las Palabras y las acciones de cada uno de los que tomaron parte en esta obra permanecerá registrada en su contra hasta que confiesen su error".[20]

"El Señor borrará las transgresiones de quienes, a partir de ese momento, se arrepintieron con arrepentimiento sincero; pero cada vez que el mismo espíritu se despierta en el alma, las obras hechas en esa ocasión se sancionan y los hacedores de ellas son responsables ante Dios y deben responder por ellas ante su trono de juicio".[21]

"A menos que cada alma se arrepienta de éste su pecado [en Minneapolis], esa independencia no santificada que está insultando al Espíritu de Dios, caminarán en tinieblas. Quitaré el candelabro de este lugar a menos que se arrepientan y se conviertan, para que los pueda sanar".[22] *[56]*

De lo anterior es evidente que cualquiera haya sido el pecado cometido en el congreso de Minneapolis, no fue colectivo, sino personal e individual. A la vista de Dios, los individuos eran responsables por su pecado de rechazar el mensaje de justificación de Dios y de justicia por la fe, y como individuos debían arrepentirse para recibir el perdón de su pecado y quitar la culpa y ser restaurados al favor de Dios.

Referencias:

1. Elena de White, Patriarcas y profetas, págs. 326, 327.
2. El Deseado de todas las gentes, pág. 571.
3. El conflicto de los siglos, pág. 3 1.
4. Review and Herald, 11 de abril de 1893.
5. Testimonios para los ministros, pág. 437.
6. Primeros escritos, pág. 276.
7. El Deseado de todas las gentes, págs. 27, 28.
8. Ibíd., pág. 271.
9. El discurso maestro de Jesucristo, pág. 56.
10. La educación, pág. 113.
11. Testimonies, t. 2, pág. 303.
12. Joyas de los testimonios, t. 1, pág. 45.
13. Ibíd., t. 2, pág. 35.
14. Testimonies, t. 4, pág. 185.
15. Patriarcas y profetas, pág. 313.
16. T. Jones, The Everlasting Gospel of God's Everlasting Covenant [El Evangelio eterno del eterno pacto de Dios], pág. 31.
17. Elena de White, Manuscrito 15, 1888, en Olson, Thirteen Crisis Years, pág. 304.
18. Ibíd., pág. 305.
19. White, Carta 19d, 1892 en Olson, pág. 89.
20. White, Carta 24, 1892.
21. Elena de White a 0. A. Olsen, 31 de mayo de 1896, en Special Testimonies Concerning the Work and the Workers in the Pacific Press [Testimonios especiales con respecto a la obra y los obreros en la Pacific Press] (Oakland, 1897), pág. 131 (paginación del Patrimonio White).
22. Carta 2a, 1892, en Olson, pág. 44.

[57]

Capítulo 9—Consecuencias del Congreso

En una charla con los pastores durante el congreso, Elena de White dijo: "Si los ministros no reciben la luz, quiero darle al pueblo una oportunidad; quizás ellos quieran recibirla".[1]

Este plan se implementó cuando A.T. Jones y Elena de White se unieron en una serie de charlas acerca de Cristo, nuestra justicia, en enero de 1889 en South Lancaster, Massachusetts. Al informar acerca de estas reuniones en la Review, Elena de White, dijo que la gente aceptó el mensaje con gozo. El testimonio general de los asistentes fue "que habían obtenido una experiencia más allá de todo lo que habían conocido antes. Testificaron de su gozo porque Cristo había perdonado sus pecados. Sus corazones estaban llenos de gratitud y de alabanza a Dios. Había dulce paz en sus almas".[2]

En el congreso anual de Kansas, en Ottawa, en mayo, Elena de White nuevamente se unió a A.T. Jones y a D. T. Jones, secretario de la Asociación General. La recepción del mensaje de 1888 no fue aquí tan espontánea como lo había sido en South Lancaster. En su informe en la Review, Elena de White hizo notar que poderosos instrumentos estaban obrando en oposición a quienes habían sido enviados con mensajes de Dios. Imploró a Dios por su gracia, y antes que la reunión concluyera, observó con gozo que la luz de la gracia salvadora de Dios había brillado.[3]

En el congreso anual de Williamsport, Pennsylvania, en junio de 1889, miembros tibios al borde de la apostasía revivieron. "Mientras el precioso mensaje de la verdad presente era presentado *[58]* por los hermanos Jones y Waggoner, la gente vio nueva belleza en el mensaje del tercer ángel, y fueron alentados en gran manera".[4]

Acerca del congreso en Roma, Nueva York, Elena de White escribió que llevaba una carga en su corazón por esa gente, ya que "ni uno en cien" comprendía por sí mismo "la verdad bíblica" del tema de la justificación por la fe "que es tan necesaria para nuestro bienestar presente y eterno". Aquí nuevamente el Señor envió "mensajes especiales de misericordia y aliento" "mediante sus siervos delegados".[5]

Un obrero, S.H. Lane, dio el siguiente informe alentador en la Review acerca del congreso anual de Nueva York: "La presentación del tema de la justificación por la fe por la hermana White y los hermanos Jones y Waggoner hicieron más para animar a todos los presentes que la investigación de todos los demás temas. Trajo esperanza y aliento a cada corazón. Esto se manifestó de distintas maneras. Las oraciones y los testimonios eran de naturaleza conmovedora, y estaban llenos de valor por el amor de Dios, que hizo que muchos se arrepintieran y no desfallecieran, y que creyeran sin presunción. Casi todos dejaron la reunión alabando a Dios".[6]

Pero, aunque la mayoría de las personas aceptó con gozo el mensaje de la justificación por la fe, algunos obreros lo veían con amargura y respondían con oposición decidida. Acerca de éstos, Elena de White escribió en la Review:

"Hay quienes no ven la necesidad de una obra especial en este tiempo. Mientras Dios obra para despertar a la gente, ellos tratan de dejar de lado el mensaje de advertencia, de reproche, y de súplica. Su influencia tiende a calmar los temores de las personas, e impiden que despierten a la solemnidad de este tiempo. Quienes están haciendo esto no están dando a la trompeta un so-nido certero. Debieran despertar a la situación, pero han sido atrapados por el enemigo".[7]

Otros, especialmente obreros jóvenes, asumían una actitud de espera. Naturalmente, muchos de los miembros hicieron lo mismo. En consecuencia, los creyentes no se apropiaron plenamente de los mensajes del amor de Dios y de su gracia. Acerca de esto, Elena de White escribió en la Review de marzo de 1890:

"Nuestros hombres jóvenes observan a nuestros hermanos *[59]* mayores, y como ven que ellos no aceptan el mensaje, sino que lo tratan como si no fuera de importancia, esto influye sobre quienes ignoran las Escrituras para que rechacen la luz. Estos hombres que rehúsan recibir la verdad se interponen entre las personas y la luz".[8]

Tanto Jones como Waggoner, junto a Elena de White asistieron al congreso de la Asociación General en el otoño de 1889 en Batúe Creek, bajo la dirección de O.A. Olsen, presidente de la Asociación General. Jones dirigió una serie de estudios acerca de la justificación por la fe, que trajo luz, verdad y gozo a los oyentes.[9]

Olsen estaba en completa armonía con el mensaje de 1888. Aunque estuvo en Europa hasta mayo de 1889, se llevó a cabo en Battle Creek una asamblea ministerial de enero a marzo de 1889, en la que A.T. Jones tuvo una parte importante. Como esta asamblea tuvo tanto éxito se planificaron dos más para el período entre los congresos de la Asociación General de 1889 y 1891.

Estas asambleas, planificadas especialmente para los evangelistas y ministros jóvenes, buscaban quebrar la oposición levantada en Minneapolis. Tanto Jones como Waggoner se contaban entre los instructores.[10]

Hacia el fin de la segunda asamblea bíblica, en marzo de 1890, Elena de White escribió gozosamente a su hijo Guillermo y a su esposa, Mary: "La palabra presentada ha sido recibida plenamente por la mayoría presente. Los hombres que han detenido las cosas [los que se opusieron al mensaje de 1888] no tienen poder ahora. Ahora hay una fuerte corriente hacia el cielo".

Al día siguiente escribió: "Mi corazón está lleno de gratitud y de alabanza a Dios. El Señor ha derramado sobre nosotros su bendición. Está quebrada la columna de rebelión en aquellos que han venido de otros lugares".[11]

Todavía algunos en el campo, probablemente ministros mayores, parecían estar arrastrando los pies. En agosto de 1890 Elena de White publicó un artículo en la Review donde mencionaba que, en relación con algunos aspectos, el clima espiritual de la iglesia en general no era mejor del que había habido antes del congreso de Minneapolis. Ella escribió:

"¿Cómo pueden nuestros ministros llegar a ser representantes *[60]* de Cristo, cuando sienten autosuficiencia, cuando por espíritu y actitud dicen: 'Yo soy rico, y me he enriquecido, y de ninguna cosa tengo necesidad'?...

"Desde la reunión de Minneapolis, he visto el estado de la iglesia de Laodicea como nunca antes. He escuchado el reproche de Dios a quienes se sienten tan satisfechos, que no conocen su destitución espiritual... Como los judíos, muchos han cerrado sus ojos para no ver; pero el cerrar los ojos a la luz encierra un gran peligro ahora, y el apartarse de Cristo, sin sentir necesidad de nada, como la que existía cuando 11 estuvo en la tierra...

'Tos que perciben su necesidad de arrepentimiento para con Dios y fe en nuestro Señor Jesucristo tendrán contrición de alma, y se arrepentirán de su resistencia al Espíritu del Señor. Confesarán su pecado de rechazar la luz que el Cielo les ha enviado bondadosamente, y abandonarán el pecado que ha apesadumbrado e insultado al Espíritu del Señor".[12]

En la tercera asamblea bíblica reinó nuevamente un buen espíritu y se afianzó el tono del congreso de la Asociación General de 1891. En este congreso Olsen informó que las asambleas bíblicas habían tenido éxito más allá de las expectativas. La última había preparado el clima espiritual ideal para el congreso. Elena de White escribió:

"El Señor ha estado en nuestro medio, y hemos visto su salvación. Nunca asistí a un congreso de la Asociación General donde se haya manifestado tanto el Espíritu del Señor en el estudio de su Palabra como en esta ocasión".[13]

Las bendiciones de Dios estuvieron presentes en forma tan evidente en este congreso de la Asociación General, que el reportero de la Review se sintió impresionado a escribir al finalizar el congreso que "estamos ahora al borde mismo del derramamiento del Espíritu prometido, de la lluvia tardía, por medio de la cual el mensaje concluirá con poder, y será acortado en justicia".[14]

Al final del congreso de la Asociación General de 1891, el panorama espiritual parecía en verdad brillante para la iglesia. O.A. Olsen y Elena de White estaban lado a lado, apoyados por Jones y Waggoner y un número creciente de otros, y el mensaje de Cristo y su justicia parecía estar por inundar la iglesia.

Fue en este congreso que la Junta de misiones extranjeras, *[61]* dirigida por Olsen y con W. C. White como secretario, resolvió invitar a Elena de White para que fuera a Australia en el otoño de ese mismo año. Elena de White había esperado que la idea no progresara. Buscó el consejo de Dios pero no recibió luz de El. Pero algunos de los dirigentes fueron muy insistentes en que fuera. La alentaron diciéndole que no tendría que soportar cargas en Australia sino que podría dedicarse a escribir. Al no recibir luz específica de Dios, accedió al pedido de la Asociación General."[15]

Años más tarde comprendió por qué Dios no le había dado luz en relación con la conveniencia de ir a Australia en 1891. En 1896 escribió: "Que la gente en Battle Creek sintiera que debía hacernos ir en el momento que lo hicimos, fue resultado de maquinaciones humanas, no del Señor... Había un deseo tan grande de que nos fuéramos [de Norteamérica] que el Señor permitió que esto ocurriera. Los que estaban cansados de los testimonios que teníamos quedaron sin las personas que los daban. Nuestra separación de Battle Creek fue para dejar que los hombres hicie-ran su propia voluntad y las cosas a su manera, que pensaban era superior a la manera del Señor...

"Si Ud. [O.A. Olsen] hubiera estado en la posición correcta, no se hubiera hecho el cambio en ese momento. El Señor hubiera obrado en favor de Australia por otros medios, y se hubiera ejercido una fuerte influencia en Battle Creek, el gran corazón de la obra. Hubiéramos estado allí, hombro con hombro, creando una atmósfera saludable que se hubiera sentido en todas nuestras asociaciones...

"Cuando nos fuimos, muchos sintieron alivio, pero no usted, y al Señor le desagradó, porque él nos había colocado junto a las ruedas de la maquinaria en movimiento en Battle Creek".[16]

Tanto Olsen como su propio hijo Guillermo habían estado de acuerdo con la propuesta de los otros en la Junta de las misiones de que Elena de White fuera a Australia. Sabían que sería un apoyo fuerte para el desarrollo de la obra en Australia, así como su visita a Europa había estimulado la obra allí. Aparentemente algunos en la Junta querían liberar a Norteamérica de su influencia. Junto a la de ella, quitarían también la influencia de su hijo Guillermo. Aparentemente las personas que sugirieron *[62]* y apoyaron denodadamente este plan pensaban que al alejar a los White de Battle Creek y de Norteamérica, detendrían la marea creciente del mensaje de 1888.

Al acercamiento a Dios y la aceptación del mensaje de 1888, manifestados en las asambleas bíblicas y que culminaron en el congreso de la Asociación General de 1891, le siguió el arrepen-timiento y la confesión de muchos que se habían resistido al mensaje de 1888. A comienzos de enero de 1891, Urías Smith, que había sido "una piedra de tropiezo para muchos",[17] confesó haber tomado una posición equivocada en Minneapolis. George Butler, en un artículo en la Review en 1893, confesó su cambio de actitud hacia el mensaje de 1888 y hacia las instrucciones a través de la sierva del Señor.[18] Volvió a entrar a la obra en 1901 luego de la muerte de su esposa inválida. Esto trajo un gozo especial a Elena de White.[19]

Referencias:

1. Elena de White, Manuscrito 9, 1888, en Olson, Thirteen Crisis Years, pág. 301.

2. White, Review and Herald, 5 de marzo de 1889.

3. Ibíd., 23 de julio de 1889.

4. Ibíd., 13 de agosto de 1889.

5. Ibíd., 3 de septiembre de 1889.

6. S. H. Lane, Review and Herald, 10 de septiembre de 1889, en Olson, pág. 67.

7. White, Review and Herald, 13 de agosto de 1889, en Olson, págs. 61, 62.

8. Review and Herald, 18 de marzo de 1890, en A. G. Daniells, Christ Our Righteousness [Cristo nuestra justicia), (Washington, D. C., Ministerial Assn. of SDAs, 1941), pág. 5 1.

9. Manuscrito 10, 1889, en Olson, págs. 67, 68.

10. Olson, págs. 71 82.

11. White, Carta 30, 1890, en Olson, págs. 75, 76.

12. Review and Herald, 26 de agosto de 1890.

13. Carta 3, 1891, en Olson, págs. 82, 83.

14. Review and Herald, 31 de marzo de 1891, en Olson, pág. 84.

15. Arthur L. White, Ellen G. White: The Australian Years [Elena G. de White: Los años en Australia], (Washington, D. C., Review and Herald Pub. Assn., 1983), págs. 14 16.

16. White, Carta 127, 1896, en A. L. White, pág. 258.

17. Olson, págs. 97 108.

18. G.I. Butler, Review and Herald, 13 de junio de 1893, en Olson, págs. 91 93.

19. White, Carta 77, 1902, en Olson, pág. 94.

[63]

Capítulo 10—El mensaje de 1888 vacila

El apoyo de Urías Smith al mensaje de 1888 no fue completo ni sincero. Vaciló. Su biógrafo, Eugene Durand, dice que a pesar del arrepentimiento de Smith y la confesión de su actitud equivocada y su posición contraria en el congreso de Minneapolis, todavía tenía "la misma opinión".[1]

La incapacidad de Smith para unirse sinceramente a la predicación de la justificación por la fe y de Cristo nuestra justicia ocasionó mucho dolor a Elena de White. En septiembre de 1892 ella le escribió desde Australia:

"No puede imaginarse cuánto me duele ver que algunos de nuestros hermanos toman un camino que yo sé que no es agradable a Dios... El mismo espíritu que se manifestó en el pasado se manifiesta en toda oportunidad posible; pero esto no es por impulso del Espíritu de Dios...

"Usted ha perdido una rica y poderosa experiencia, y esa pérdida, resultante de rechazar los preciosos tesoros de la verdad que se le ha presentado, es para usted aun una pérdida. Usted no está donde Dios quisiera que estuviera...

"Las muchas y confusas ideas en relación con la justicia de Cristo y la justificación por la fe son el resultado de la posición que usted ha tomado hacia los hombres y hacia el mensaje enviado por Dios...

"'La justificación por la fe y la justicia de Cristo son los temas que deben presentarse a un mundo moribundo. ¡Oh, si abriera su corazón a Jesús! La voz de Jesús, el gran otorgador de tesoros celestiales, lo está llamando".[2] *[64]*

La vacilación de Smith hizo que el mensaje de 1888 perdiera ímpetu e impacto.

Otras confesiones siguieron a las de Butler y Smith. Elena de White, en Australia se regocijó por ellas.

Pero simultáneamente con estas confesiones personales y la aceptación del mensaje de 1888, una marea mayormente imperceptible de oposición se estaba levantando contra él. Esto, sin embargo, fue percibido claramente por la mensajera del Señor.

En la Review de 1892, Elena de White expresó la carga de su corazón en relación con la resistencia al mensaje de 1888 con estas palabras:

"Hay tristeza en el cielo por la ceguera espiritual de muchos de nuestros hermanos... El Señor ha levantado mensajeros y los ha dotado con su Espíritu... Que nadie corra el riesgo de interponerse entre las personas y el mensaje del cielo. El mensaje de Dios llegará a las personas; y si no hubiera voces entre los hombres para darlo, las mismas piedras lo proclamarían. Llamo a cada ministro a que busque al Señor, a dejar de lado el orgullo, a abandonar la lucha por la supremacía y a humillar su corazón ante Dios. Es la frialdad del corazón, la incredulidad de quienes debieran tener fe lo que mantiene débiles a las iglesias".[3]

En 1894 Elena de White habló de la iglesia como un todo con estas palabras: "El mensaje a la iglesia de Laodicea se aplica en gran manera a nosotros como pueblo. Ha estado frente a nosotros durante mucho tiempo, pero no ha sido obedecido como debería. Cuando la obra de arrepentimiento es sincera y profunda, los miembros individuales de la iglesia comprarán los ricos bienes del cielo".[4]

Una razón poderosa de la ofensiva condición espiritual que prevalecía en la iglesia fue la influencia de varios dirigentes importantes de Battle Creek que eran desfavorables hacia el mensaje de 1888. Entre estos estaban Harmon Lindsay, el tesorero de la Asociación General, y A.R. Henry, el administrador de la Review and Herald Publishing Association.

O.A. Olsen era un hombre bueno, espiritual, de motivos puros y con deseos de servir a Dios. Había abrazado completamente el mensaje de 1888 y apreciaba los consejos de Elena de White. Pero no poseía la fortaleza personal necesaria para aplicar sus *[65]* consejos, rodeado como estaba de colaboradores con puntos de vista adversos. Aparentemente se hallaba más interesado en man-tener la unidad entre los creyentes que en hacer lo que el Señor le había pedido mediante su mensajera especial. El siguiente extracto de una carta de Elena de White a A.O. Tait del 27 de agosto de 1896 refleja esta debilidad de Olsen. Ella escribió:

"Me siento muy triste por el hermano Olsen. Le he escrito mucho en relación con esta situación. El me ha contestado, agradeciéndome por las cartas tan oportunas, pero no ha actuado de acuerdo con la luz recibida. El caso es misterioso. Mientras via-ja de un lugar a otro, se ha ligado con compañeros cuyo espíritu e influencia no debieran sancionarse, y las personas que depositen su confianza en ellos serán descarriadas. A pesar de la luz que se le ha mostrado durante años en relación con este asunto, se ha aventurado hacia adelante, directamente en contra de la luz que el Señor le ha estado dando. Todo esto confunde su dis-cernimiento espiritual, y lo coloca en relación con el interés general y el avance saludable e integral de la obra en la posición de un atalaya infiel. Está siguiendo un camino que va en detrimento de su discernimiento espiritual, y está impulsando a otras mentes a ver las cosas con una luz pervertida. Ha dado evidencias inequívocas de que no ve los testimonios que el Señor ha visto a bien enviar a su pueblo como dignos de respeto, o como de suficiente peso para influenciar su curso de acción.

"Estoy angustiada más allá de las palabras que mi pluma puede escribir. Sin lugar a dudas, el hermano Olsen ha actuado como lo hizo Aarón, en relación con estos hombres que se han opuesto a la obra de Dios desde el congreso de Minneapolis. No se han arrepentido de su actuación, de resistirse a la luz y a la evidencia. Tiempo atrás le escribí a A.R. Henry, pero no me ha llegado una palabra de respuesta. Recientemente le escribí a Harmon Lindsay y a su esposa, pero supongo que no apreciará el asunto lo suficiente como para responder.

"De acuerdo con la luz que el Señor ha querido darme, hasta que el campo emita latidos más saludables, cuantos menos viajes largos realice el pastor Olsen con sus selectos ayudantes, A.R. Henry y Harmon Lindsay, mejor será para la causa de Dios. Los territorios alejados estarán igualmente bien sin esas visitas. La enfermedad en el corazón de la obra envenena la sangre, y *[66]* así la enfermedad se comunica a los cuerpos que visitan. Sin embargo, a pesar del estado enfermizo y endeble de las cosas en casa, algunos han sentido la carga de tomar al conjunto de los cuerpos de creyentes bajo sus alas paternales...

"Muchos de los hombres que han actuado como consejeros en juntas y comisiones necesitan ser alejados. Otros hombres debieran tomar sus lugares; porque sus voces no son la voz de Dios... Estos hombres no son llamados más Israel, sino suplantadores. Han trabajado por sí mismos durante tanto tiempo, en lugar de que el Espíritu Santo trabaje en. ellos, que no saben qué espíritu los impele a la acción...

"La ceguera espiritual que descansa sobre las mentes humanas parece estar profundizándose. Hay hombres inconversos que manejan cosas sagradas. Todos los tales debieran ser reemplazados por hombres que no sólo tengan un conocimiento de la verdad sino que también practiquen la verdad... Hubiera sido mucho mejor cambiar a los hombres en las juntas y comisiones que retenerlos durante años, hasta que lleguen a suponer que sus proposiciones deben ser adoptadas sin cuestionarlas, y generalmente no se ha levantado ninguna voz en sentido contrario".[5]

Así, la condición espiritual entre los creyentes de Norteamérica no era la ideal en 1896. En un mensaje a los ministros escrito en Cooranbong, Australia, Elena de White expresó su aprensión en estas palabras:

"Si los hombres tan sólo abandonaran su actitud de resistencia al Espíritu Santo actitud que durante mucho tiempo ha estado leudando su experiencia religiosa , el Espíritu de Dios se dirigiría a sus corazones. Los convencería de pecado... ¡Oh, sí pudiera tener la gozosa noticia de que la voluntad y la mente de los que están en Battle Creek y que han actuado como profesos dirigentes, se ha emancipado de las enseñanzas y la esclavitud de Satanás, cuyos cautivos han sido durante tanto tiempo, estaría deseosa de cruzar el ancho Pacífico para ver vuestros rostros una vez más! Pero no estoy ansiosa de veros con percepciones debilitadas y mentes anubladas, porque habéis elegido las tinieblas antes que la luz".[6]

Las chispas del reavivamiento espiritual visto en South Lancaster, Massachusetts, en enero de 1889 y en el congreso anual regional del mismo año, se desarrollaron en las asambleas *[67]* ministeriales y llegaron a ser una brillante llama en el congreso de la Asociación General de 1891. Pero la llama se desvaneció y murió sin encender la iglesia con el mensaje de la justificación por la fe y de Cristo nuestra justicia. Esto ocurrió, a pesar del llamado perentorio de la sierva del Señor de que "la justificación por la fe y la justicia de Cristo son los temas que deben presentarse a un mundo que perece".[7]

Alrededor de 1899, la justicia de la iglesia se había vuelto nauseabunda para nuestro Salvador. Elena de White escribió: "Hay una mosca muerta en el ungüento... Su justicia propia es nauseabunda para el Señor Jesucristo [Se cita Apoc. 3:15 18]. Estas palabras se aplican a las iglesias y a muchos de los que están en cargos de confianza en la obra de Dios".[8]

Pero en el congreso de la Asociación General de 1901 hubo señales de un clima espiritual más sano en la iglesia. Cuando se lo abrió, el martes 2 de abril por la mañana, todos estaban contentos de que la mensajera especial del Señor estuviera presente después de una ausencia de diez años. La actitud hacia Elena de White y sus consejos fue completamente diferente de la que había existido en el congreso de 1888.[9] Allí su consejo sí, su ruego había sido desechado y poco menos que abiertamente rechazado. Mayormente fue la incomodidad entre ciertos dirigentes influyentes para con ella y sus mensajes lo que dio como resultado el plan que la llevó a Australia en 1891.

En las sesiones de 1901 se solicitó su consejo y se lo escuchó. Elena de White misma reconoció la unidad que caracterizó este congreso. Ella observó: "Parece haber esfuerzos en esta reunión para unirse". A.G. Daniells resumió este sentimiento del congreso cuando dijo que todos sentían que su única seguridad radicaba "en la obediencia, en seguir a nuestro gran Líder", cuyos planes a menudo son revelados a los delegados a través de Elena de White.[10]

Arturo White, en su biografía de Elena de White, observa que en el congreso de 1901 las instrucciones del cielo dadas por medio de Elena de White fueron prontamente adoptadas. Un notable ejemplo de esto fue la apertura de R.S. Donnell a su testimonio en relación con el fanatismo de la carne santa que había asolado la iglesia en Indiana.[11] *[68]*

El Boletín de la Asociación General del 18 de abril titulaba las sesiones del congreso como "Nuestras mejores reuniones", observando que "el Señor ha hablado a través de la hermana White para corregir métodos de acción incorrectos, y para reprobar teorías distractoras. Los involucrados han respondido, reconociendo la voz del Cielo y comprometiéndose a vivir en armonía con ella".[12] Elena de White misma habló del éxito del congreso diciendo que el "Dios de los cielos y sus ángeles" habían estado en su medio y de que los "ángeles de Dios han estado trabajando entre nosotros".[13]

Pero un año más tarde Elena de White escribió un artículo en la Review titulado '"La necesidad de un reavivamiento y de una reforma". En él revelaba que la espiritualidad personal estaba en un nivel bajo en la iglesia en general. Declaró: "A menos que haya una reconversión, pronto habrá una falta de piedad tal que la iglesia será representada por una higuera estéril... En muchos corazones parece haber escasamente aliento de vida espiritual... Dios llama a un reavivamiento espiritual y a una reforma espiritual".[14] La iglesia recibió esta seria advertencia catorce años después del congreso de Minneapolis.

Dos años más tarde ella escribió en el mismo tenor en la Review: "Durante los últimos veinte años una influencia sutil e impía ha estado guiando a los hombres a mirar a los hombres, a unirse a los hombres, a descuidar a su Compañero celestial. Muchos se han alejado de Cristo. No han apreciado a Aquel que declaró: 'He aquí yo estoy con vosotros todos los días, hasta el fin del mundo' ".[15]

La experiencia espiritual de los miembros de la iglesia no fue buena a comienzos del siglo veinte. En el congreso de la Asociación General los delegados habían seguido a sus dirigentes y habían rechazado el mensaje de 1888. Y el posterior brote de aceptación y reavivamiento vaciló, como ha observado correctamente un historiador de la iglesia.[16] La creciente distancia entre Jones y Waggoner de la iglesia y de sus dirigentes a comienzos del siglo veinte definidamente debilitó el ímpetu del mensaje de 1888.

Ya en 1892 Elena de White había advertido que "muchos que no estaban bajo el control del Espíritu Santo" sino que andaban "a la luz de las chispas de su propio fuego" considerarían la separación *[69]* de Jones y de Waggoner de la iglesia y de sus enseñanzas como una evidencia de que el mensaje de 1888 dado por Dios había sido un error. Ella había escrito: "Yo sé que esta es precisamente la posición que muchos tomarían si cualquiera de ellos cayera".[17]

El alejamiento de la iglesia de Jones y Waggoner entre 1902 y 1904 proveyó a muchos de una excusa para volver al estado espiritual que había existido dentro de la iglesia antes del congreso de Minneapolis.

Referencias:

1. Durand, Yours in the Blessed Hope, págs. 260 263.

2. White, Carta 24, 1892, en Olson, págs. 105, 106.

3. Review and Herald, 26 de julio de 1892, en Daniells, ibíd., pág. 52.

4. Seventh day Adventist Bible Commentary, Comentarios de Elena de White, t. 7, pág. 961.

5. White, Carta 100, 1896.

6. Testimonios para los ministros, págs. 393 396.

7. Seventh day Adventist Bible Commentary, Comentarios de Elena de White, t. 7, pág. 964.

8. Ibid., págs. 962, 963.

9. Arthur L. White, Ellen G. White: The Early Elmshaven Years [Elena G. de White: Los primeros años en Elmshaven) (Washington, D.C., Review and Herald Pub. Assn., 1981), págs. 73, 74.

10. Ibíd., págs. 89, 9 1.

11. Ibíd., págs. 100 107.

12. General Conference Bulletin, 1901, pág. 305.

13. Elena de White, en General Conference Bulletin, 1901, pág. 463.

14. Review and Herald, 25 de febrero de 1902.

15. Ibíd., 18 de febrero de 1904, en Daniells, pág. 87.

16. Schwarz, Light Bearers to the Remnant, págs. 189, 195.

17. White, Carta 24, 1892, en Olson, pág. 119.

Capítulo 11—Evaluación de A.G. Daniells

En la época del congreso de la Asociación General en Minneapolis, A.G. Daniells, de 30 años de edad, era un misionero adventista pionero de Nueva Zelanda. Elena de White llegó a Australia en diciembre de 1891, y Daniells, como presidente de la Asociación Australiana y más tarde de la Unión Asociación Australiana, tuvo reiterados contactos con ella. Ambos retornaron a Norteamérica en 1900. En 1901, Daniells fue elegido presidente de la Asociación General. Desde ese momento hasta la muerte de Elena de White en 1915, Daniells confió en su consejo y a menudo bebió de su sabiduría inspirada.

Daniells no escogió seguir el consejo de Elena de White porque ella siempre estuviera de acuerdo con él, o porque era caritativa para con él. Lejos de eso. Ella a veces lo trataba con firmeza. Pero él siempre discernía sus buenas intenciones de ayudarlo y seguía su consejo.

Daniells, en una carta de aliento a un presidente de asociación que había sido relevado de su cargo, escribió acerca de la ayuda de Elena de White:

"A veces la hermana White me ayudaba en forma de un duro reproche. Esto no era agradable al corazón natural, le puedo asegurar. Llegaba hondo. No siempre podía comprender todo lo que decía, o la forma en que lo daba. Pero no me atrevía a rechazar el consejo, y al estudiar y orar, y entregar mi corazón en sumisión a Dios, la luz llegaba a mi mente y el valor a mi corazón, y siempre llegaba nueva ayuda para mis tareas".[1]

En una carta a W.C. White, Daniells reflexiona acerca de una tuvo en medio de los problemáticos días de 1902: *[71]*

"Me sentía profundamente impresionado de que debía ser fiel al espíritu de profecía como la brújula al polo, que debía actuar como un hombre junto a la sierva del Señor sosteniendo sus manos y guiar a esta denominación a reconocer y apreciar este gran don.

"Estaba tan completamente abrumado por este pensamiento que mis fuerzas me abandonaron. Lleno de un terrible sentido de las responsabilidades que descansaban sobre mí, le prometí al Señor con todo mi corazón que sería fiel a esta causa, y que haría todo lo que estuviera en mi poder para evitar que se levantara algo en esta denominación que empañara la gloria de este don, y de la sierva del Señor que ha ejercitado este don durante tantos años".[2]

Daniells había decidido seguir el consejo de la mensajera especial del Señor para su iglesia. Se propuso mantener tanto su pensamiento como sus acciones en armonía con el espíritu de profecía. En una carta a P.T. Magan y a E. A. Sutherland en 1904, Elena de White misma testificó acerca de esto:

"El pastor Daniells es un hombre que ha probado que los testimonios son verdaderos, y él también ha probado ser fiel a los testimonios. Cuando ha encontrado que difería de ellos, ha estado dispuesto a reconocer su error, y acercarse a la luz. Si todos los demás hubieran hecho lo mismo, no habría un estado de cosas como el que existe ahora. El Señor ha reprendido al pastor Daniells cuando ha errado, y él ha mostrado su determinación de mantenerse del lado correcto de la verdad y la justicia, y de corregir sus errores".[3]

En vista de la lealtad mostrada por Daniells al pensamiento dirigido por el Espíritu en Elena de White, se levantan estos interrogantes:

Si Daniells hubiera estado convencido de que Elena de White creía que la mayoría de los adventistas del séptimo día habían aceptado el mensaje de 1888 como una experiencia personal antes de su muerte en 1915, ¿hubiera escrito, como lo hizo, su libro Cristo nuestra justicia? ¿O es posible que Daniells reflejara el tenor de los sentimientos de Elena de White antes de su muerte?

Las siguientes citas reflejan el pensamiento de Daniells en relación con el mensaje de 1888:

"'La Palabra de Dios presenta claramente el camino de la justificación *[72]* por la fe; los escritos del espíritu de profecía amplían grandemente y aclaran el tema. En nuestra ceguera de corazón nos hemos apartado hasta estar lejos del camino, y durante muchos años hemos dejado de apropiarnos de esta sublime verdad. Pero durante todo este tiempo nuestro gran Líder ha estado llamando a su pueblo a aceptar este gran aspecto fundamental del Evangelio recibir por fe la justicia imputada de Cristo por nuestros pecados pasados, y la justicia impartida de Cristo para revelar la naturaleza divina en la carne humana".[4]

"¡Cuán triste, cuán lamentable es que este mensaje de la justicia en Cristo encontrara, en el tiempo de su aparición, oposición por parte de hombres sinceros y bien intencionados en la causa de Dios! El mensaje nunca ha sido recibido, ni ha sido proclamado, ni se le ha dado libertad de acción como para que trasmita a la iglesia las inmensurables bendiciones que vienen con él".[5]

'"La división y los conflictos que se levantaron entre los dirigentes a causa de la oposición al mensaje de la justificación por medio de Cristo, produjo una reacción muy desfavorable. Se produjo confusión en las filas del pueblo, y no sabían qué hacer".[6]

Daniells creía que muchos de los que escucharon el mensaje de 1888 acerca de la justificación por la fe "abrigaban la acariciada esperanza, de que algún día se le diera más prominencia a este mensaje entre nosotros, y de que este mensaje haría la obra de purificación y regeneración en la iglesia que creían había sido la intención de Dios al enviarlo".[7] Estaba convencido de que estas enseñanzas alguna vez serían "comprendidas, aceptadas, y se les daría el lugar apropiado".[8]

Daniells comentó también: "La severa advertencia enviada por medio del espíritu de profecía relativa al gran número de adventistas del séptimo día que habían perdido de vista la 'doctrina de la justificación por la fe' fue escrita en 1889. Nadie se atreverá a decir los cambios que el tiempo ha hecho en la proporción de nuestro pueblo que en ese tiempo no se aferró o no comprendió esta verdad preciosa; pero lo que sí sabemos es que cada creyente en el mensaje del tercer ángel en este momento debiera tener una concepción clara de la doctrina de la justificación por la fe y una experiencia bien fundamentada en la gran transacción".[9] El lamentaba que "se ha perdido mucho para la *[73]* causa de Dios por dejar de obtener esa experiencia viva de poder divino: la justificación por la fe".[10]

En el momento de la publicación de Christ Our Rightcousness [Cristo nuestra justicia] en 1926, Daniells creía que la Iglesia Adventista todavía estaba esperando la experiencia que Dios había deseado introducir en Minneapolis, pero que había sido frustrada por la fuerte oposición. Daniells ansiosamente escribió:

"El mensaje nunca ha sido recibido, ni proclamado, ni se le ha dado libertad de acción como debiera haber sido para transmitir a la iglesia las inmensurables bendiciones que se encontraban en él".[11]

LeRoy Froom testificó de que Daniells, el mentor espiritual de Froom, abrigaba estas ansias aun en los últimos momentos de su vida.[12]

Referencias:

1. En Arthur L. White, Ellen G. White: The Later Elmshaven Years [Elena G. de White: los años posteriores en Elmshaven] (Washington, D.C., Review and Herald Pub. Assn., 1982), pág. 450.

2. A.G. Daniells a W.C. White, 24 de diciembre de 1903, en John J. Robertson, A.G. Daniells (Mountain View, Calif., Pacific Press Pub. Assn., 1977), pág. 112.

3. White, Carta 255, 1904. Sin embargo, su lealtad al espíritu de profecía fue cuestionada luego de la Conferencia Bíblica de 1919; esto contribuyó a que lo liberaran de la presidencia de la Asociación General en 1922.

4. Daniells, Christ Our Righteousness, pág. 6.

5. Ibíd., pág. 47.

6. Ibíd., págs. 50, 51.

7. Ibíd., pág. 23.

8. Ibid., pág. 26.

9. Ibid., pág. 88.

10. Ibíd., pág. 89.

11. Ibíd., pág. 47.

12. Froom, Movernent of Destiny, págs. 404, 405.

[74]

Capítulo 12—Nuestra responsabilidad actual

El pecado y la culpa así como también la comunión con Dios son personales y no corporativos. Por lo tanto, la iglesia adventista no cometió un pecado colectivo ni incurrió en culpabilidad corporativa en el congreso de la Asociación General en Minneapolis en 1888. Pero muchos individuos no aceptaron en verdad, positivamente se opusieron el mensaje de la justificación por la fe.

Pero aun en ausencia de pecado y culpa corporativos, ¿habrá algo que nuestra iglesia debiera hacer en relación con este vergonzoso comportamiento en el congreso de 1888 en Minneapolis? Sí. Como miembros actuales de la Iglesia Adventista del Séptimo Día, somos responsables por la continua representación errónea del congreso de la Asociación General de 1888 y de sus resultados.

La historia moldea tanto a una nación como a su gente. Se ha dicho que no importa quién escriba las leyes de la nación, pero sí importa quién escribe su historia. La historia de una nación modela y da forma mayormente a la filosofía, a las experiencias, y al desarrollo de las generaciones futuras. Las leyes de una nación y aún la interpretación de su constitución son sólo reflejos de su modo de pensar colectivo y de su filosofía. De la misma manera, la historia de un movimiento o de una iglesia la modela y le da forma.

Si no presentamos en forma abierta la historia del congreso de la Asociación General de 1888 y sus consecuencias, nosotros, como denominación, perpetuamos el pecado cometido en Minneapolis en 1888. Al hacerlo, nos unimos a nuestros antepasados *[75]* espirituales y virtualmente crucificamos a Cristo nuevamente en la persona del Espíritu Santo. Si pretendemos que posiblemente el rechazo inicial de "algunos" más tarde se transformó en la aceptación general y entusiasta del glorioso mensaje de la justificación por la fe por la iglesia en general, indudablemente estamos pintando un panorama de nuestra iglesia demasiado color de rosa: la iglesia de Laodicea.

"El impulso de entenebrecer hechos oscuros resulta de la necesidad de preservar la integridad del yo... Es más fácil aceptar los acuerdos silenciosos y mantener callados los hechos desagradables y hacer difícil que alguien mueva el bote. Pero las sociedades pueden hundirse por el peso de la fealdad enterrada... Las verdades deben decirse si queremos encontrar una salida".[1]

Es alentador observar que los historiadores adventistas recientes declaran que el congreso de Minneapolis rechazó el mensaje de Cristo y de su justicia, y que a esto siguió una vacilante reforma. Alabamos al Señor por el amanecer de un nuevo día para la sinceridad en relación con el congreso de Minneapolis y sus consecuencias. Así también por la publicación del material del espíritu de profecía concerniente al congreso de Minneapolis. Ahora todo el que quiera leerlo puede hacerlo, y por lo menos decidir por sí mismo cómo recibió el congreso de Minneapolis el mensaje de 1888.

Esta franqueza por parte de los historiadores se atiene a esta máxima: "La primera ley del historiador es que nunca se atreverá a pronunciar una falsedad. La segunda es que no suprimirá nada que sea verdad. Más aún, no habrá sospecha de parcialidad ni de malicia en sus escritos". Nos incumbe como pueblo confesar que durante mucho tiempo nos hemos disculpado por el rechazo virtual del mensaje de 1888 de la mayoría de los delegados al congreso de Minneapolis en 1888.

Dios quiere que todos sus seguidores sean honestos y veraces. Esto se aplica especialmente a quienes dicen tener "la verdad", una comprensión bíblica verdadera del Evangelio.

Como iglesia, prescribimos la honestidad en palabra y en acción de acuerdo con el octavo y noveno mandamientos del Decálogo. Estamos tan resueltos a enseñar y mantener la veracidad que un miembro de nuestra iglesia puede ser desglosado aún por "violación abierta de la ley de Dios, tal como la... falsedad *[76]* voluntaria y habitual".[2] Puesto que ésta es una de las normas de feligresía en la iglesia, es claro que la iglesia, compuesta por miembros veraces, también dirá la verdad acerca de lo ocurrido en Minneapolis en 1888.

Dios nunca ha exigido que cada uno de sus seguidores sea extremadamente inteligente, o conocedor, o entendedor, o capaz. El sabe que sus hijos son diferentes y que poseen sus dones en distinto grado. La parábola de los talentos de Jesús lo confirma. Pero aunque han sido dotados en forma diferente, El espera que todos sus hijos sean fieles. Y la fidelidad a Jesús abarca la veracidad y la honestidad. Nuestro Maestro puede esperar esto con todo derecho. La honestidad es posible cualquiera sea el nivel de inteligencia.

Todos nosotros hemos sido extraídos de un mundo saturado por la mentira y el engaño. Pero Dios se ha propuesto salvarnos de este vicio para que podamos ser aptos para la ciudadanía en la Santa Ciudad. En ella no se encontrará nadie que "hace... mentira, sino solamente los que están inscritos en el libro de la vida del Cordero" (Apoc. 21:27).

Y así, en un mundo donde abunda la falsedad, donde las mentiras son los modos comunes de operar, el pueblo de Dios será diferente. Será honesto. No sólo en palabra, sino también en intención, porque es posible decir la verdad con palabras y sin embargo engañar. "La falsedad consiste en la intención de engañar. Mediante una mirada, un ademán, una expresión del semblante" se puede expresar una falsedad "tan eficazmente como si se usaran palabras".[3]

Los hombres y las mujeres que hacen planes de caminar por las calles de oro de la santa ciudad de Dios aprenderán aquí en la tierra a amar y a practicar la veracidad. Elegirán hablar la verdad de corazón (Sal. 15:2).

Un amigo mío recibió una tarjeta de cumpleaños de su hijo ya grande. Tenía impresas las palabras usuales de encomio. El padre apreció más lo que el hijo mismo añadió. Con unas pocas palabras le hizo sentir a su padre que realmente lo apreciaba a él y la influencia que había tenido en su vida. Lo que más alegró al padre fue esta sencilla declaración: "Papá, no siempre has sido perfecto y has hecho lo correcto, pero siempre hiciste lo que pensabas que era correcto y lo mejor *[77]* al tratar con nosotros tus hijos y con los demás". El padre creyó que estas palabras eran el mejor encomio que podía recibir de su hijo. El hijo había reconocido la integridad de su padre. En todos sus tratos el padre había sido honesto y había actuado por motivos puros.

Dios mismo está más preocupado por nuestros motivos que por nuestro desempeño, que muchas veces puede no reflejar nuestra intención. Juzga cada acción "por los motivos que la impulsaron".[4] "No son los grandes resultados que alcanzamos, sino los motivos por los cuales actuamos lo que pesa ante Dios".[5]

La honestidad, impulsada por motivos puros, es una virtud fundamental. Una persona deshonesta demuestra que está desprovista de principios. George Herbert, un escritor inglés, dijo hace mucho tiempo: "Muéstrame un mentiroso, y te mostraré un ladrón". Ser cristiano significa que una persona, por la gracia de Dios, se propondrá ser honesto y practicar la veracidad tanto para con Dios como para con sus semejantes porque Dios desea "la verdad en lo íntimo" (Sal. 51:6). De allí que sus seguidores escogen "el camino de la verdad" (Sal. 119:30).

La mentira y la falsedad, por otra parte, provienen del gran rebelde, del "padre de mentira" (Juan 8:44).

Así que como hijos e hijas de Dios y amantes de la verdad, nuestra responsabilidad actual es decir la verdad acerca del congreso de Minneapolis de 1888 y sus consecuencias. No hay ninguna virtud en decir que todo está bien cuando no es así. Más aún, al continuar escondiendo la verdad acerca del congreso de Minneapolis, nos convertimos en cómplices de los que rechazaron el mensaje de justificación por la fe en 1888, así como los judíos del tiempo de Jesús fueron responsables por los pecados de sus antepasados al perpetuarlos.

Nuestra presentación defectuosa de lo que realmente ocurrió en Minneapolis en 1888 y nuestra visión denominacional de que el congreso de Minneapolis de 1888 marcó una gran victoria en nuestra historia han modelado sin lugar a dudas nuestra forma de pensar y nuestros conceptos denominacionales. Ha ayudado a que nos sintamos seguros en nuestra actitud laodicense: "Soy rico, y me he enriquecido, y de ninguna cosa tengo necesidad", *[78]* mientras que en realidad el testimonio del Testigo Fiel es que "eres un desventurado, miserable, pobre, ciego y desnudo" (Apoc. 3:17).

Este es el momento de decir la verdad acerca de 1888 para que podamos ser capaces de hacer la obra que Dios espera que su pueblo haga. Al despejar el camino del Rey que cada miembro personalmente se vuelva veraz Él, el Príncipe de verdad, puede dotarnos de poder a través del Espíritu Santo. Entonces podemos llegar a ser sus testigos para ayudar a apresurar la finalización de su obra en el mundo a fin de que Jesús pueda vol-ver a buscar a su novia.

Referencias:

1. Daniel Galeman, en Elaine Giddings, 'The Other Truth', Adventist Review, 13 de marzo de 1986.
2. Manual de la Iglesia (1986), pág. 223.
3. Elena de White, Patriarcas y profetas, pág. 317.
4. Palabras de vida del gran Maestro, pág. 223 (ed. ACES); pág. 257 (ed. PPPA).
5. Testimonies, t. 2, págs. 510, 511.

[79]

Capítulo 13—Conformismo versus Conversión

Todos los asistentes al congreso de la Asociación General en Minneapolis eran adventistas de buena reputación. Muchos eran respetados dirigentes de la iglesia. Conocían y aceptaban el mensaje de Dios para nuestro tiempo, creían en la justificación por la fe y practicaban el estilo de vida adventista.

En la parábola de Jesús acerca del hijo perdido que podría llamarse más correctamente la parábola de los dos hijos perdidos el hijo mayor vivía una vida honorable y respetable. Probablemente en su comunidad y en su sinagoga se lo consideraba como un modelo de virtud. Había permanecido en su hogar y fielmente había ayudado a su padre a cuidar el campo y los negocios. Su hermano menor, por otro lado, era un perdido conocido. Se había escapado de un buen hogar y había despilfarrado su herencia con prostitutas y amigos indignos.

El hijo mayor había hecho lo correcto. Parecía un hijo perfecto. Pero él también, a pesar de su devoción tanto al trabajo como a las normas de la familia, estaba tan alienado del corazón y del pensamiento de su padre como lo había estado su hermano menor. Su falta de simpatía o de verdadero compañerismo con su padre no era conocido. No se detectó hasta que rehusó unirse a la fiesta de bienvenida para su hermano errante y respondió a su padre diciendo: "Tú sabes cuántos años te he servido, sin desobedecerte nunca" (Luc. 15:29, versión Dios habla hoy).

Esta observación revela que durante todo el tiempo que había hecho la voluntad de su padre, se había sentido como un esclavo **[80]** en la casa de su padre. Había cooperado no por amor a sus padres ni por el gozo de la compañía diaria de ellos, sino meramente porque se sentía compelido a hacerlo por el deber.

En las epístolas a los Gálatas y a los Romanos, Pablo presenta la justificación por la fe más claramente. Pero también habla repetidamente de las "obras de la ley". Esto quiere decir cumplir la voluntad de Dios como está expresada en su ley, motivados no por una mente dispuesta sino por la fuerza coercitiva de la ley.

Martín Lutero escribió acerca de esto: "Ahora, las obras del hombre que no son motivadas por la libre voluntad, no son las suyas propias: son las obras de una ley coercitiva y restrictiva. Bien puede declarar el apóstol que no son nuestras obras, sino las 'obras de la ley', porque lo que hacemos en contra de nuestra voluntad no es un logro nuestro, sino del poder que nos compele.

"Asimismo, las obras de la ley no hacen que alguien sea justo, no importa la persona que las realice. Porque en lo que concierne a nuestra voluntad, las hacemos simplemente por miedo a la penalidad de la ley. La voluntad preferiría mucho obrar de otra manera y lo haría si no estuviera restringida por la ley coercitiva y amenazante".[1]

La persona descrita en esta cita realmente hace lo correcto, como lo hacía el hermano mayor de la parábola. Obedece la ley de Dios. Su desempeño puede ser sin tacha, como la del automovilista que a desgano se mantiene dentro del límite de velocidad permitida. Pero está pecando, sin embargo, en tanto su actitud se rebele contra la voluntad de Dios. Virtualmente es un esclavo, como lo era el hermano mayor, y como lo es el conductor que obedece la ley pero critica el límite de velocidad. Su motivación para obedecer es el egoísmo. Obedecen sólo para escapar del castigo o para ganar una recompensa. Hacen "las obras de la ley" como las llama Pablo.

Aun un respetable adventista puede producir "obras de la ley" u obedecer la voluntad de Dios según está expresada en su ley, pero en forma involuntaria o de mala gana. Años atrás mientras salíamos de una de nuestras iglesias con un amigo, éste confesó: "Si no supiera que el séptimo día es el sábado de Dios, ciertamente no lo guardaría, porque realmente no me gusta". Mi amigo era un prisionero de la ley. No había aprendido todavía a conocer **[81]** a Jesús y a su Padre como amigos y a disfrutar de esta amistad especial por medio del Espíritu en su día especial. Vivía un estilo de vida adventista pero no disfrutaba el compañerismo con Dios.

La obediencia por sí sola no nos preparará ni a nosotros ni a nadie para el compañerismo con Dios y con los ángeles no caídos. Tanto el hacedor de "obras de la ley" y el legalista llevan a cabo las obras. Eso mismo hizo el hermano del pródigo. Pero las obras de ninguna persona, aunque sean sin tacha, serán suficientes para la salvación. Se necesita algo más. La única espe-ranza de salvación para el pecador está en la justicia de Cristo. Y esto resulta de una profunda comunión o simpatía con Dios. Tal comunión de alma con Dios deriva de haber rendido nuestros corazones y nuestras mentes a Dios.

La inspiración nos dice: "Cuando nos sometemos a Cristo, el corazón se une con su corazón, la voluntad se fusiona con su voluntad, la mente llega a ser una con su mente, los pensamientos se sujetan a él; vivimos su vida. Eso es lo que significa estar vestidos con el manto de su justicia".[2] Esto es la comunión de corazón y de alma. Por medio de ella, Cristo llega a ser nuestra justicia.

Judas, el traidor de Jesús, era un discípulo creíble. Los demás no abrigaban dudas sobre su legitimidad. Lo consideraban uno de los mejores. Ni aun en la Ultima Cena, luego de que Jesús lo señalara como el traidor al darle el pan mojado (véase Juan 13:21 30), nadie sospechó que fuera de carácter doble.

Simón de Betania (véase Luc. 7:36 48) fue otro de los seguidores de Cristo, uno de los pocos fariseos que se habían unido abiertamente a Jesús. Jesús era su amigo; lo había sanado de su lepra, y Simón deseaba que Jesús fuera el largamente esperado Mesías. Pero no había aprendido todavía a conocerlo como su Salvador. Aunque era amigo y seguidor de Jesús, era un extraño al nuevo nacimiento; sus pecados no habían sido perdonados y sus principios no habían cambiado. Era pecador todavía, fuera de la comunión transformadora del Espíritu Santo, de Jesús, y del Padre. Aunque era un amigo y seguidor de Jesús, no formaba parte de su familia y no era partícipe de su naturaleza y de su justicia.

El hermano mayor de la parábola, Judas y Simón de Betania, todos eran conformistas. *[82]* Parecían trigo pero eran cizaña entre el trigo. Tenían la apariencia correcta de seguidores de Cristo pero les faltaba la conversión, con una vida nueva en su interior. Un conformista a menudo puede aparecer mejor ante los demás aun ante los cristianos que una persona convertida. Simón se veía mejor, a los ojos de la mayoría de los invitados a su fiesta, que María. El hermano mayor se veía mejor que el pródigo que retornó. Es posible ser un adventista del séptimo día respetado y bien aceptado sin ser un hijo de Dios.

Elena de White dijo que aun muchos de los ministros que estaban en el congreso de Minneapolis en 1888 no estaban convertidos y necesitaban convertirse. Todos eran leales a un sistema abarcante de verdades doctrinales coordinadas. Eran fieles a un mensaje. Su cristianismo era un asentimiento intelectual a un hermoso, lógico y divino cuerpo de verdades abstractas, más bien que una confianza que entrega su vida a una Persona, como uno hace en el matrimonio. Porque la salvación es una comunión íntima con Jesús, como ocurre en el matrimonio entre los cónyuges.

Los que rechazaron el mensaje de la justificación por la fe en Minneapolis eran hombres honestos, y muchos de ellos se habían entregado a la proclamación de las verdades bíblicas que habían abrazado sin reservas. Pero el cristianismo genuino no es básicamente un mensaje. Es una Persona, y esa Persona es Jesús. Muchos de los asistentes al congreso de Minneapolis no lo conocían, aunque proclamaban su ley con fervor. De allí que su predicación estuviera centrada en la ley. Tampoco reconocieron su Espíritu cuando trató de hablarles durante el congreso de Minneapolis.

Sin lugar a dudas, existe el peligro en nuestra iglesia de que el énfasis aun en la evangelización a menudo se coloque más en la aceptación de las creencias bíblicas y la conformidad al estilo de vida adventista que en la conversión. Fácilmente se cae en esta trampa ya que el conformismo con las creencias aceptadas y las normas de la iglesia se ven fácilmente y pueden ser medidas con bastante exactitud. Por otro lado, a menudo sólo Dios puede discernir la conversión. A los demás, el conformista les parece bueno, mientras que para Dios todavía es un extraño a su gracia y permanece muerto en sus transgresiones y pecados.

Tanto las creencias correctas como el estilo de vida son importantes. *[83]* Pero ninguno de ellos (ni ambos) es tan decisivo como para determinar si una persona religiosa es un cristiano funcional o no. La esencia del verdadero cristianismo va más allá del comportamiento externo. Toma en consideración los motivos y las actitudes de una persona.

Muchos, aun de los delegados al congreso de Minneapolis en 1888, se conformaban al sistema de creencias adventista y a su estilo de vida. No conocían a Dios. Parecían adventistas del séptimo día practicantes, pero no habían aprendido a conocer a Jesús como su Salvador.

Es casi aterrador pensar que es posible ser amigo de Jesús, como lo fueron Judas y Simón de Betania, disfrutar de la compañía de Jesús y de la de sus seguidores, y sin embargo no estar preparados para la eternidad con 11 en su reino. Ese era el estado de muchos de los ministros en el congreso de Minneapolis.

Referencias:

1. "Sermón acerca de Gálatas 3:23 29", Sermons of Martin Luther [Sermones de Martín Lutero] (Grand Rapids, Baker Book House, 1983), págs. 968, 969.

2. Elena de White, Palabras de vida del gran Maestro, pág. 221 (ed. ACES); pág. 253 (ed. PPPA).

[84]

Capítulo 14—El desafío de 1888 para nosotros

Puede resultarnos fácil, cien años más tarde, condenar a nuestros antecesores espirituales por no aceptar gozosamente el reanimador mensaje de Cristo nuestra justicia, que les presentaron Jones y Waggoner en el congreso de Minneapolis. Los opositores al mensaje objetaron que Waggoner y Jones no presentaron nada nuevo. Técnicamente estaban en lo cierto al afirmar que los adventistas del séptimo día ya lo conocían y que poseían la justicia de Cristo por medio de su gracia. Muchos también habían enseñado estas verdades salvadoras a otros.

En teoría, cada miembro de la Iglesia Adventista del Séptimo Día desde sus comienzos ha aceptado y creído en la salvación por la gracia por medio de la fe en Jesucristo. Como cristianos evangélicos, los adventistas de 1888 no encontraban más dificultades que nosotros hoy en día en subscribir mentalmente esta verdad fundamental de la salvación. Nosotros, al igual que ellos, la aceptamos de corazón, por lo menos en teoría.

La dificultad no radica en la captación intelectual y en la aceptación de la justificación por la fe. Esto es poco menos que axiomático entre los adventistas del séptimo día. Más bien, consiste en la dificultad de nutrir y mantener viva esta experiencia en el pensar y actuar diarios. A.W. Spalding, en su libro Origin and History of Seventh day Adventists, apropiadamente observa: "Es fácil de profesar, pero evasivo en su aplicación".[1]

Al igual que Simón de Betania, todos los asistentes al congreso de Minneapolis veían a Jesús como su amigo. Al igual que Simón, disfrutaban de la compañía de sus seguidores. *[85]*

Pero la salvación no surge de una amistad casual con Jesús. No brota como resultado de disfrutar de su compañía social. Simón disfrutó ambas, pero ninguna le garantizó la justicia de Cristo y el don de la salvación.

La palabra relación es manoseada a menudo en las conversaciones de hoy en día. Se la utiliza también en el área de la religión, sugiriendo una conexión salvadora con Dios. Pero la relación no es una panacea. Una persona o una organización o casi cualquier cosa para el caso mantiene una relación en cierta forma con cualquier cosa o persona. Desde la década de 1920 los Estados Unidos han mantenido una relación, ya sea buena o mala, con la Unión de las Repúblicas Socialistas Soviéticas. En forma similar, los tres viajeros que vieron al infortunado hombre que había sido asaltado y golpeado en el camino a Jericó (véase Luc. 10:25 37) mantuvieron una relación con él. Así que la palabra relación no es adecuada para describir la conexión salvadora de una persona con Dios.

Una relación con Dios por sí sola no garantiza la salvación. Satanás mismo mantiene una relación con Dios. La salvación resulta sólo de una relación de amistad, o de profundo compañerismo con Dios. Fue sólo la relación de amistad del samaritano hacia el viajero sufriente lo que salvó a este último de la muerte.

Y el compañerismo es más que la compañía física. Esta no necesariamente describe intereses o experiencias similares, con simpatía o compañerismo profundo. Al hermano mayor de la parábola, aun estando en su casa y haciendo lo que su padre quería que hiciese, le faltaba el interés del padre y la honda preocupación por su hermano menor. No compartía la naturaleza del padre, sus metas, sus gustos, sus esperanzas, sus propósitos, y sus añoranzas. En las más profundas realidades de la vida el hermano mayor no tenía nada en común con su padre. No disfrutaban del compañerismo, aunque ambos vivían bajo el mismo techo.

Desde que el hermano menor se fue de la casa hacia un país lejano en busca de la esquiva felicidad, el padre había estado orando incesantemente para que volviera en sí (véase Luc. 15:17) y decidiera retornar al hogar. El compañerismo consiste en unidad de mente, no en la mera cercanía física.

María, la hermana de Marta y de Lázaro y la contraparte de Simón en la fiesta de Betania, mantenía con Jesús una relación *[86]* diferente de la de Simón. Para Simón, Jesús era un amigo admirado cuya compañía social disfrutaba. Para María, Jesús era más que un amigo. Para ella, él era el humilde y sufriente Mesías, predicho por los profetas, que había venido, no a librar a su nación del yugo romano, sino a libertar a cada individuo de la esclavitud personal del pecado. Jesús había hecho justamente eso por ella luego que ella lo había aceptado como su Salvador personal.

Jesús había sanado la relación rota de María con su Padre celestial; la había restaurado a un compañerismo íntimo y amante con él y le había enseñado a desear y disfrutar su compañía. Para María, Jesús era El amado el Camino, la Verdad y la Vida en quien se centraban su amor, su devoción y sus afectos. Ella sabía que le había perdonado sus pecados y que la había hecho una nueva persona y un miembro de su propia familia celestial.

A diferencia de los legalistas, María no esperaba ningún crédito celestial por su obra. Ella derramó el costoso ungüento sobre los pies de Jesús sin pensamientos egoístas de recompensa, sólo por su amor a El y por lo que El había hecho para con ella. Ella simplemente había seguido las indicaciones del Espíritu Santo.[2] Su ungimiento de Jesús fue una expresión de su amor pleno y de su entrega a Jesús y a su familia celestial.

El intelectual más astuto como también el santo más humilde pueden disfrutar un compañerismo así. Un bebé nace y vive sin ser capaz de explicar el origen de su vida y el proceso de su nacimiento. "'La ciencia de la salvación no puede ser explicada; pero puede ser conocida por experiencia".[3] Un cristiano puede disfrutar un íntimo compañerismo con Jesús sin ser capaz de comprender y explicar en detalle el proceso por el cual llegó a darse. El simplemente ha nacido al reino de Dios sin estar completamente consciente del proceso del nuevo nacimiento.

El concepto del nuevo nacimiento confundió al intelectual Nicodemo cuando lo escuchó por primera vez. Pero él mismo lo experimentó más tarde. Una experiencia genuina y personal en las cosas de Dios va más allá del reconocimiento intelectual, a un compañerismo vibrante con Jesús como el centro de los afectos de uno. Y un compañerismo tal con Dios no estará limitado a los pensamientos y a las emociones. Inevitablemente se reflejará en la actitud de uno y fluirá en acciones voluntarias de acuerdo *[87]* con la voluntad de Dios. Este compañerismo de alma con Jesús aquí en la tierra nos preparará para la eternidad con él en su reino (véase Isa. 1:19).

Un vecino una vez me contó su experiencia en el teatro europeo de la Segunda Guerra Mundial. Como adventista del séptimo día de apenas veinte años, formó parte de las fuerzas invasoras traídas del Norte de África y arrojadas contra la fortaleza Europa en la costa de Salerno, en Italia. Aparentemente, él era el único cristiano profeso en toda su unidad. Muchos de sus compañeros soldados, en otros aspectos iguales a él jóvenes, solteros, esperando morir cualquier día empleaban su tiempo libre en parranda. Yo le pregunté: "¿Qué te permitió permanecer leal a tus principios cristianos bajo circunstancias tan adversas?"

Su respuesta llegó rápida y simple: "Tenía una novia en Kansas. El pensar en ella me ayudaba a permanecer leal a mis ideales cristianos".

Aunque separado de su amor por miles de kilómetros, estaban juntos en espíritu. Su unidad de alma o su afinidad con su novia en Kansas influyó más sobre él que la compañía física de sus despreocupados compañeros. Su profundo compañerismo con una joven pura le ayudó a mantenerse aferrado a sus principios cristianos durante sus años de servicio como soldado en Europa.

La experiencia de este joven soldado ilustra el compañerismo que usted y yo podemos disfrutar con Jesús aun hoy. Es un compañerismo íntimo y amante. La persona que disfruta un compañerismo tal con Dios ha experimentado el cumplimiento de la palabra de Jesús cuando dijo: "El reino de Dios está entre vosotros" (Luc. 17:21).

El compañerismo con Dios está basado en la fe, en la completa confianza en El. Una confianza tal lleva a una entrega completa, así como una esposa amante se entrega a su marido y viceversa. Esta entrega les trae el placer y el gozo más estimulantes a ambos.

Como miembros de la Iglesia Adventista del Séptimo Día espiritualmente vivos, disfrutaremos hoy, o por lo menos buscaremos, tal compañerismo con Jesús, dulce e impartidor de paz. Entonces será nuestra la experiencia de la justificación por la fe, y sólo entonces usted y yo habremos aceptado en realidad el mensaje de 1888, y no lo habremos rechazado. *[88]*

Un compañerismo tal con Dios nos transformará. A la mayoría de los hombres jóvenes les gusta cómo cocina su madre. Cuando se casan pueden encontrar que la comida que se sirve en su nuevo hogar es bastante diferente de la de su mamá. A veces no les gustan los nuevos platos. Pero aman a sus esposas y quieren agradarlas, así que comen fielmente lo que preparan sus esposas. En tanto siguen comiendo la nueva comida, sus papilas gustativas se acostumbran a ella. Lo que al comienzo comían de mala gana, ahora comienzan a disfrutarlo realmente. Sus gustos han cambiado. El cambio en el gusto es posible porque aman verdaderamente a sus esposas y quieren agradarlas.

Como cristianos, al amar a Jesús y a su Padre, nosotros también seremos transformados no meramente conformados a su manera bajo la influencia modeladora del Espíritu Santo. Lo que al comienzo nos desagradaba acerca del camino de Dios, según lo expresa su ley, comenzará a agradarnos y lo amaremos, transformados por el amor divino (véase Rom. 12:2; 2 Cor. 3:18).

"Y si nosotros consentimos, se identificará de tal manera con nuestros pensamientos y fines, amoldará de tal manera nuestro corazón y mente en conformidad con su voluntad, que cuando le obedezcamos estaremos tan sólo ejecutando nuestros propios impulsos. La voluntad, refinada y santificada, hallará su más alto deleite en servirle".[4]

Muchos de los delegados al congreso de Minneapolis no alcanzaron un compañerismo transformador con Dios. Aunque eran ministros, no lo conocían como su amigo. Esto debiera servir de alarma a todos nosotros, y especialmente a todo aquel que es ministro u obrero en su iglesia.

En la parábola de las diez vírgenes, la mitad de las que esperaban al novio estaban dormidas espiritualmente. Es posible ocurrió en Minneapolis que aun los ministros de Dios en la iglesia remanente estén dormidos espiritualmente. Pero Dios está dispuesto a ayudarnos y es perfectamente capaz de hacerlo- a permanecer despiertos espiritualmente. Y sólo estando espiritualmente despiertos evitaremos de unirnos tanto a los antiguos judíos como a nuestros antepasados espirituales de 1888 para crucificar a Jesús. Nuestros antepasados espirituales hicieron justamente eso en Minneapolis en 1888. Ni siquiera se dieron cuenta *[89]* de lo que estaban haciendo. Se desviaron hacia ello por un desacuerdo sobre algunos asuntos secundarios.

Dos años después del congreso, Elena de White lamentó el bajo nivel espiritual de la iglesia. Pero dijo: "Los miembros de nuestras iglesias no son incorregibles; la falta no debe colocarse tanto sobre ellos como sobre sus maestros. Sus ministros no los alimentan".[5] El error principal en el rechazo del mensaje de 1888 no estaba en la gente en general, sino en los ministros.

Cada persona en nuestra iglesia hoy que es un ministro o un maestro o un dirigente en cualquier cargo debe considerar seriamente esta asombrosa declaración. En conexión con esto es valioso notar que el mensaje a Laodicea se dirige primera y principalmente "al ángel de la iglesia en Laodicea" (Apoc. 3:14). Los ángeles son las estrellas "de las siete iglesias" (Apoc. 1:20). Y "los ministros de Dios están simbolizados por las siete estrellas... Las estrellas del cielo están bajo el gobierno de Dios. El las llena de luz. El guía y dirige sus movimientos. Si no lo hiciese, pasarían a ser estrellas caídas. Así sucede con sus ministros".[6]

Para poder guiar de acuerdo con los planes de Dios, los dirigentes del pueblo de Dios deben estar bajo la constante dirección de Dios por medio de su Espíritu Santo. Si no es así, serán estrellas caídas, como llegaron a ser algunos dirigentes adventistas en conexión con la experiencia de 1888.

Es posible estar bien familiarizado con las enseñanzas de la Biblia y no poseer el conocimiento salvador de Dios. Los sacerdotes judíos del tiempo del nacimiento de

Jesús sabían que el Mesías iba a nacer en Belén, pero no conocían ni a Dios ni a su Espíritu. El sacerdote que sostuvo a Jesús en sus brazos en el momento de su dedicación en el templo no sabía que había nacido el Mesías prometido. Pero los pastores, que estaban mucho menos familiarizados con los rollos sagrados, estaban relacionados con Dios, y así se enteraron del nacimiento de Jesús por los ángeles. También los magos, con su escaso conocimiento de las Sagradas Escrituras, y Simeón y Ana, por medio de indicaciones del Espíritu lo supieron el mismo día que Jesús fue dedicado. De acuerdo con el plan de Dios, habían abierto sus mentes a él y habían invitado al Espíritu a morar en el templo de su alma.[7]

La repetida súplica de Elena de White a los dirigentes y a los *[90]* delegados a la sesión del Congreso de la Asociación General en Minneapolis era a experimentar la conversión y a que abrieran sus corazones al Espíritu Santo. Es sólo a través de su iluminación que las enseñanzas de la Palabra de Dios pueden ser correctamente comprendidas para salvación. Por medio de la morada del Espíritu en la persona, ésta es y sigue siendo un hijo de Dios (véase Rom. 8:9).

Neal C. Wilson, presidente de la Asociación General, consciente de que no todo es ideal en nosotros como pueblo aun hoy, habló de un "verdadero arrepentimiento" en su sermón del sábado en la sesión trienal de la División del Lejano Oriente en Singapur el 7 de noviembre de 1987. El señaló que la reforma surgirá inevitablemente de un verdadero reavivamiento; desafió a los dirigentes de la División del Lejano Oriente con esta pregunta convincente: "¿Cómo puede la iglesia esperar cambios si los dirigentes no cambian?"

Como iglesia, todos necesitamos prestar atención al desafío que Elena de White presentó en el congreso de la Asociación General de 1901 con estas palabras: "Ha llegado el tiempo cuando este pueblo debe nacer de nuevo. Quienes nunca han nacido de nuevo y quienes han olvidado que fueron limpiados de sus viejos pecados... necesitan convertirse".[8]

El deseo de Dios para cada uno de nosotros hoy hombre, mujer, joven y niño es que escojamos ser convertidos de nuevo cada día, que escojamos tener al Espíritu como nuestro constante invitado del alma.

La sesión de la Asociación General de 1888 y su secuela presentan una apelación insistente a cada miembro de la Iglesia Adventista del Séptimo Día. En forma individual deberíamos planear familiarizarnos con las enseñanzas de la Biblia bajo la dirección del Espíritu Santo y responder a las palabras del apóstol Pablo:

"Examínense ustedes mismos, para ver si están firmes en la fe; pónganse a prueba" (2 Cor. 13:5, versión Dios habla hoy).

¿Estoy disfrutando un compañerismo diario con Dios mediante la lectura de su Palabra bajo la guía iluminadora del Espíritu Santo y comunicándome con El en oración en el nombre de Jesús? ¿0 es que otros intereses me privan de tiempo para el compañerismo de alma con Dios y Jesús? Sólo en la medida en que desarrollemos un compañerismo profundo, como el que tenía el soldado *[91]* con su novia de Kansas, seremos salvaguardados de tropezar ciegamente con el temido pecado, como lo hicieron nuestros antepasados espirituales en 1888.

Referencias:

1. Spalding, Origin and History, t. 2, pág. 281.

2. Elena de White dice que María "no podía explicar por qué había escogido esa ocasión para ungir a Jesús. El Espíritu Santo había pensado en lugar de ella, y ella había obedecido sus impulsos" (El Deseado de todas las gentes, pág. 515).

3. Ibíd., pág. 458.

4. Ibíd., pág. 621.

5. Special Testimonies, Series A, No. 1, pág. 46.

6. Obreros evangélicos, págs. 13 y 14.

7. Véase 1 Corintios 3:16; 6:19. "Desde las edades eternas, había sido el propósito de Dios que todo ser creado, desde el resplandeciente y santo serafín hasta el hombre, fuese un templo para que en él habitase el Creador" (Elena de White, El Deseado de todas las gentes, pág. 132). Y si alguno no tiene el Espíritu de Cristo, no es de él" (Rom. 8:9).

8. White, en General Conference Bulletin, 1901, pág. 26.

Otros libros del Autor y del Mensaje de 1888 disponibles:

1. Descubriendo la Cruz, Autor: Robert J. Wieland.
2. Introducción al Mensaje de 1888, Autor: Robert J. Wieland.
3. 1888 Reexaminado, Autores: Robert J. Wieland y Donald K. Short.
4. He aquí, Yo estoy a la Puerta y llamo, Autor: Robert J. Wieland.
5. Diez Grandes Verdades del Evangelio, Autor: Robert J. Wieland.
6. Nuestro Glorioso Futuro, Autor: Robert J. Wieland.
7. Reavivamientos Modernos, Autor: Robert J. Wieland.
8. La Palabra se Hizo Carne, Autor: Ralph Larson.
9. Cristologia en los Escritos de Elena G. de White, Autor: Ralph Larson.
10. El Evangelio en Gálatas, Autor: E. J. Waggoner.
11. Carta a los Romanos, Autor: E. J. Waggoner.
12. El Pacto Eterno, Autor: E. J. Waggoner.
13. Cristo y su Justicia, Autor: E. J. Waggoner.
14. 1888 Materiales; Volúmenes 1-4 en español, Autor: Elena G. de White.
15. El Camino Consagrado a la Perfección Cristiana, Autor: A. T. Jones.
16. El Mensaje del Tercer Ángel; 3 Volúmenes, Autor: A. T. Jones.
17. Lecciones sobre la Fe, Autores: A. T. Jones y E. J. Waggoner.
18. El Hombre de Romanos 7: Ralph Larson & Ellet J. Waggoner

*Si desea adquirirlos al por mayor (40% descuento), son por cajas de 50 libros (puede ser mixto) y nos puede contactar a este correo:

lsdistribution07@gmail.com

www.ingramcontent.com/pod-product-compliance
Lightning Source LLC
Chambersburg PA
CBHW080900010526
44118CB00015B/2214